Das Oldenburger und Osnabrücker Land erfahren

Im Zentrum von Quakenbrück

Linda O'Bryan und Hans Zaglitsch

Das
OLDENBURGER
UND OSNABRÜCKER
LAND *erfahren*

30 Radtouren durch malerische
Landschaften, zu reizvollen Städten
und kulturellen Highlights

BRUCKMANN

↑ Fachwerkhaus in Bad Laer
↓ Barßeler Windmühle
↘ Schloss Fürstenau

INHALT

DIE TOUREN

Ammerland und Oldenburg

Oldenburger Münsterland

Artland

Naturpark Osnabrücker Land

Freilichtmuseum Cloppenburg

Vorwort

RADELN, GENIESSEN, ENTDECKEN Radfahren im Oldenburger Land und im Osnabrücker Land ist ein wahrer Genuss. Das Radwegenetz ist gut, die Natur sehr vielfältig, die Kulturlandschaft überaus abwechslungsreich und auf fast jedem Radkilometer gibt es etwas zum Entdecken. Die beiden Regionen sind denn auch beliebt bei Radlerinnen und Radlern aller Altersstufen und haben für fast jedes Interesse und jeden Urlaub etwas in petto.

Wir haben 30 interessante und abwechslungsreiche Rundtouren zwischen Oldenburg und dem Teutoburger Wald zusammengestellt, die Sie durch den faszinierenden Natur- und UNESCO-Geopark TERRA.vita, romantische Fluss-täler, mystische Wälder, alte Heideflächen und Moorlandschaften führen. Neben reizvoller Natur gibt es auch Fachwerk vom Feinsten, altehrwürdige Schlösser und Burgen, wehrhafte Kirchen und Klöster, intakte Dorfkerne, interessante Museen und historische Wassermühlen zu entdecken und zum Durchatmen Kurbadeorte in der Thermenregion des Teutoburger Waldes.

Entdecken Sie das Oldenburger Land und das Osnabrücker Land mit unseren Radtouren, die einen besonderen Einblick in die Natur gewähren und Sie authentische Dörfer, stille Plätze und Ecken entdecken lassen, an denen Sie sonst vielleicht einfach vorbeigefahren wären. Unterwegs laden Gastronomiebetriebe zum Einkehren und zum Genießen regionaler Spezialitäten ein, wie grünen Spargel, geräucherten Aal oder luftgetrockneten Schinken.

Alle Rundtouren haben wir sorgfältig recherchiert und zusammengestellt. Wir hoffen, dass Ihnen das Radeln in den beiden Regionen genauso viel Spaß macht, wie uns.

Gute Fahrt!

Linda O'Bryan
und Hans Zaglitsch

Willkommen
im Oldenburger Land
und Osnabrücker Land

Radfahren in beiden niedersächsischen Regionen ist sicher ein unvergessliches Erlebnis. Es gibt viel zu entdecken, viel zu sehen, viel zu erleben. Vorab eine gute Fahrt, stets Luft im Reifen und immer Rückenwind, aber vor allem viel Spaß beim Radeln!

Platt – immaterielles Kulturerbe

Plattdeutsch war vor allem im Westen Niedersachsens jahrhundertelang die Alltagssprache mit regionalen Dialekten. Für Außenstehende ist Platt kaum zu verstehen. Doch mehr als »Moin« müssen Sie nicht kennen. »Moin« ist der Gruß für alle Tageszeiten. Einmal »Moin« reicht übrigens aus!

OLDENBURGER LAND UND
OSNABRÜCKER LAND

Einfach mal ausprobieren

Luftgetrockneter oder geräucherter Ammerlander Schinken, grüner und weißer Spargel, deftiger Grünkohl und nicht zuletzt der Smoortaal, ein geräucherter Aal aus dem Zwischenahner Meer, sind traditionelle Speisen, die auf fast jeder Menükarte stehen.

Wellness
für Körper und Geist

Bad Iburg, Bad Rothenfelde, Bad Laer und Bad Essen – vier wunderschöne, sehr gepflegte Kurorte im Osnabrücker Land verwöhnen Sie mit hervorragender Infrastruktur, vom Gradierwerk über Kurkonzerte bis hin zu beheizten Solebädern.

Zeitzeugen

Großsteingräber wie auf der Ankumer Höhe und im Naturpark Wildeshauser Geest, jahrhundertealte Fachwerkhöfe, geschichtsträchtige Burgen und Schlösser sind Orte, die jeder auf seine Art viel über die Region aus längst vergangenen Tagen erzählen – einfach anhalten.

Faszinierende Natur

Im Natur- und UNESCO-Geopark TERRA.vita im Osnabrücker Land trifft man auf Fundstellen von Fossilien wie die versteinerten Saurierspuren bei Bad Essen, ausgedehnte Höhlensysteme, bizarre Gesteinsauffaltungen, vom Wetter geformte Felsformationen und viel mehr – 300 Millionen Jahre Erdgeschichte auf einer Fläche von nur 1500 Quadratkilometern!

Architektur vom Feinsten

Die Fachwerkbauernhöfe im Artland sind etwas Besonderes – einer schöner als der andere. Entdecken Sie mit unserer Route 19 das Artland um Quakenbrück von seiner schönsten Seite.

Orientierung mit und ohne Zahlen

Im Radwegenetz des Oldenburger Landes gibt es Knotenpunkte mit Zahl und Karte. Sie vereinfachen die Orientierung und Planung. Die Zahlen der gewünschten Route vorab einfach notieren und schon kann es losgehen. Im Osnabrücker Land weisen dagegen noch klassische Tafeln mit Kilometerangabe den Weg. Und zusätzlich helfen Radzwischentafeln, die nur die Richtung anzeigen.

Für Groß und Klein

Das Angebot an Freizeitaktivitäten am Wegrand ist groß. Der lehrreiche Waldspielplatz mit Waldlehrpfad bei Dwergte, der von Sagen umgebene Mordkuhlenberg bei Damme, der Tier- und Freizeitpark mit Exoten und Attraktionen in Thüle, Schwimmen und Planschen im Zwischenahner Meer ...

Bruckmann-Tourenfinder

Für jeden Tag die richtige Tour

			km	Hm	Std.	🍴	👶	🏛	☀	🌳	🏊	🚌
1	Eine Runde am Wasser	●	31	32	2.00	✓	✓	✓	✓			
2	Rhododendrontour	●	48	91	3.30	✓		✓	✓		✓	✓
3	Mühlentour	●	39	50	3.00	✓		✓	✓		✓	✓
4	Flusslandschaft Hunte	●	51	38	4.00	✓		✓	✓			✓
5	Genusstour durch das Huntetal	●	33	28	2.30	✓	✓	✓	✓		✓	✓
6	Wildeshauser Geest	●	39	143	2.30	✓		✓		✓		✓
7	Barßeler Land	●	29	24	2.00	✓	✓	✓	✓			
8	Durchs Saterland	●	50	77	3.00	✓		✓	✓			
9	Zur Gedenkstätte Esterwegen	●	49	129	3.00	✓		✓	✓		✓	
10	Im Soeste- und Markatal	●	46	118	3.00	✓		✓		✓	✓	
11	Erholungsgebiet Thülsfelder Talsperre	●	23	111	1.30	✓	✓	✓		✓	✓	
12	Cloppenburger Highlights	●	41	104	2.30	✓		✓	✓		✓	
13	Genussvolle Runde	●	32	165	2.30	✓	✓	✓		✓		

Nr.	Tour		km	Hm	Std.	🍴	🙂	🏛	☀	🌳	🏊	🚌
14	Von Burg zu Burg	🔵	38	93	2.30	✓	✓	✓	✓			
15	Dammer Schweiz	🔴	35	336	3.00	✓		✓		✓	✓	
16	Dammer Berge	🔴	32	245	2.30	✓		✓		✓		
17	Um den Dümmer See	🔵	22	93	1.30	✓	✓	✓	✓		✓	
18	Durchs Hasetal	🔴	51	37	3.30	✓		✓	✓			✓
19	Artlands schönste Seite	🔴	47	77	3.00	✓		✓	✓			✓
20	Waldgebiet Maiburg	⚫	50	405	4.00	✓		✓		✓		
21	Durchs Ankumer Hügelland	⚫	36	468	3.30	✓		✓	✓			✓
22	Klostertour	🔴	42	135	3.00	✓		✓	✓			✓
23	Etwas Besonderes: der Gehn	⚫	36	361	2.30	✓		✓	✓			✓
24	Zwischen Wiehengebirge und Dammer Bergen	🔴	42	82	3.30	✓		✓	✓			✓
25	Adelssitze	⚫	35	543	3.00	✓		✓	✓			
26	Durchs Wiehengebirge	⚫	45	744	4.00	✓		✓	✓			
27	Osnabrücker Stadtrunde	🔵	18	139	1.30	✓	✓	✓		✓	✓	✓
28	Durch den Teutoburger Wald	⚫	47	554	4.30	✓		✓		✓		✓
29	Kirschblütenroute	⚫	28	699	3.00	✓		✓	✓			✓
30	Drei-Bäder-Tour	🔴	35	353	3.00	✓	✓	✓	✓		✓	✓

Unser Nachhaltigkeitskodex

Die Welt birgt viele Wunder, Abenteuer und spektakuläre Aussichten, die wir gerne erkunden möchten. Doch sie ist auch leicht aus dem Gleichgewicht zu bringen. Hier ein paar Tipps, wie wir unsere Welt nachhaltig entdecken können:

- **Die Hauptsaison meiden:** Wenn wir nicht gerade auf die Ferienzeiten angewiesen sind, können wir der Umwelt einen großen Gefallen tun, indem wir in der Nebensaison verreisen. Damit tragen wir zu einer gleichmäßigeren Auslastung der Umwelt und der Infrastruktur bei und der Urlaub wird dazu auch noch wesentlich entspannter.

- **Auf umweltschonende Verkehrsmittel setzen:** Wo es möglich ist, reisen wir mit öffentlichen Verkehrsmitteln an. Das reduziert nicht nur die Luftverschmutzung, sondern schont auch unsere Nerven. Falls das nicht geht, helfen verschiedenste Plattformen dabei, den CO_2-Ausstoß auszugleichen, vor allem, wenn das gewünschte Reiseziel nur mit dem Flugzeug zu erreichen ist.

- **Nur dort parken und campen, wo es erlaubt ist:** Selbst, wenn wir uns noch so vorbildlich verhalten und unseren Aufenthaltsort so hinterlassen, wie wir ihn vorgefunden haben, stören wir den Lebensraum von Wildtieren und hinterlassen Spuren und Gerüche. Auch Lagerfeuer entzünden wir ausschließlich an den dafür vorgesehenen Stellen und achten dabei auf Waldbrandstufen und Naturschutzgebiete.

- **Ressourcen gewissenhaft nutzen:** Manche Umweltressourcen sind bereits knapp, endlich sind auf jeden Fall alle. Um sie zu schonen, sollten wir sparsam mit ihnen umgehen, gerade in Gegenden, in denen zum Beispiel Wasser oder Strom nicht im Überfluss vorhanden sind.

- **Ein guter Gast sein:** Nachhaltig unsere Umgebung zu erkunden bedeutet auch, der hiesigen Flora und Fauna mit Respekt zu begegnen. Pflanzen sollten auf keinen Fall gepflückt werden, aber sie stehen uns bestimmt gerne Modell für das eine oder andere Foto. Das Gleiche gilt für wilde Tiere: Wir füttern sie nicht, halten Abstand und beobachten sie aus der Ferne.

- **Auf den Wegen bleiben:** Wer die vorgegebenen Wege verlässt, dringt nicht nur in die Rückzugsräume heimischer Arten ein, sondern trägt auch dazu bei, dass sich neue Wege bilden, was zur Erosion des Bodens führt.

- **Abfall wieder mitnehmen:** Plastikverpackungen jeglicher Art, Dosen, Flaschen und Papiertaschentücher (es dauert Jahre, bis sich ein einzelnes Taschentuch vollständig abgebaut hat!) gehören nicht in die Natur, sondern artgerecht entsorgt. Am besten gleich eine wiederverwendbare Brotdose oder Trinkflasche mitnehmen.

- **Lokal kaufen:** Dadurch lernen wir Land und Leute besser kennen und unterstützen die regionale Wirtschaft, außerdem sind regionale Produkte meist auch preisgünstiger und qualitativ hochwertiger.

Nachhaltig draußen unterwegs zu sein, bedeutet auch ein **respektvolles Miteinander** – das sollte stets ein Motto in der Natur sein. Es tut nicht weh, sich gegenseitig zu grüßen und sich entgegenkommend zu verhalten. So haben Wanderer auf schmalen Wegen stets Vorrang, bei Gegenverkehr gilt in steilem Gelände immer: Wer absteigt, hält an. So lassen sich die Schönheit und Vielfalt der Natur gemeinsam genießen.

INFO

PIKTOGRAMME ERLEICHTERN DEN ÜBERBLICK

Länge · Höhenunterschied · Fahrzeit

 Einkehr   viel Sonne   ÖPNV

 kindergeeignet   schattiger Weg

 Sehenswürdigkeit   Baden

ANFORDERUNGEN

● LEICHT

Technisch einfache Radtour auf gut ausgeschilderten
und befestigten Wegen, die außerdem durch ihre kurze Wegstrecke
schnell und leicht zu befahren sind. Hierbei handelt es sich oft um
Strecken, die vor allen Dingen von trainierten Radlern auch
als Halbtagestour in Angriff genommen werden können.

● MITTEL

Touren, die durch einzelne Abschnitte oder Begebenheiten nicht
mehr als leicht eingestuft werden können, aber dennoch nicht schwer
sind. Oft handelt es sich um kurze Bereiche, bei denen die etwas
schlechtere Wegbeschaffenheit kein müheloses Rollen ermöglicht.
Außerdem sind hier auch schon mal kurze Abschnitte entlang von Straßen
zu bewältigen oder der ein oder andere moderate Anstieg zu fahren.
Die meisten Touren landeten jedoch in dieser Kategorie, weil sie mit
mehr Kilometern auskommen.

● SCHWER

Anspruchsvollere Strecken, auf denen man sich schon alleine wegen
der Länge mit Vorrat eindecken sollte. Bei den schweren Touren handelt es
sich ausnahmslos um Ganztagestouren, die man nur mit entsprechender
Kondition angehen sollte.

Historische Dorfkirche von Bad Zwischenahn

OLDENBURGER LAND UND OSNABRÜCKER LAND ERFAHREN

Nachstehend einige Tipps für die Reiseplanung und den praktischen Radalltag vor Ort, die Sie bereits vor und während der Reise berücksichtigen sollten. So stehen Sie nicht plötzlich vor unangenehmen Überraschungen.

Die von uns zusammengestellten Radtouren sind alle Rundkurse. Ausgangspunkt ist fast immer ein Parkplatz, der für die Anreise mit dem Auto, teils auch mit dem Wohnmobil gute Voraussetzungen mit sich bringt. Die Parkplätze sind teilweise kostenpflichtig, vor allem in größeren Städten und touristischen Orten. Klassische Stellplätze für Wohnmobile sind in fast jeder größeren Ortschaft und Erholungsort vorhanden. Mit der Bahn kann nur vereinzelt angereist werden. Im Infoblock jeder Tour wird denn auch angeben, ob ein Bahnhof vorhanden ist und welche Züge halten. Da es sich um Rundkurse handelt, ist der Einstieg selbstverständlich auch an anderen Parkplätzen, Orten oder Bahnhöfen an der Route möglich. Von den meisten unserer Ausgangspunkte lassen sich zudem einige Radrunden zu einem längeren Fahrradtag oder sogar zu einem Wochenendausflug kombinieren.

RADWEGE, WEGWEISER, KARTEN

Die Infrastruktur für Radler ist generell betrachtet sehr gut. Das Radwegenetz ist flächendeckend ausgebaut, die Radwege sind gut unterhalten, entweder asphaltiert oder ge-

pflastert. Viele Touren verlaufen auch auf asphaltierten Wirtschaftswegen. In Wäldern, Naturschutzgebieten und entlang von Fluss- und Seeufern sind Kieswege vorhanden. Entlang von Bundes- und Landstraßen sind die Radwege wegen der Sicherheit fast immer baulich getrennt. In Orten ohne separaten Radweg treffen Sie meistens auf einen mit roter Farbe gekennzeichneten Radstreifen oder auf eine Tafel, die es Ihnen erlaubt auf dem Gehsteig zu radeln. In einigen Orten ist der Gehsteig allerdings zu schmal oder wegen der Pflastersteine zu holprig, weshalb die Straße vorzuziehen ist.

Die Beschilderung im Radwegenetz ist sehr gut, ein Verfahren kaum vorstellbar, denn Radknotenpunkte mit Karte an den Radwegkreuzungen im Oldenburger Land sowie Radtafeln von Themenradwegen und klassischen Wegweisern mit Kilometerangabe im

↓ Holdorfer Heidesee
↘ Hilfreich: Radknotenpunkt und Wegweiser

Osnabrücker Land vereinfachen die Orientierung. Zusätzlich zur Beschilderung und unseren detaillierten Routenbeschreibungen können handelsübliche Radkarten hilfreich sein. Gut sind die Regionalkarten Oldenburger Land mit Ammerland, Oldenburger Münsterland und Unterweser sowie Osnabrücker Land mit Oldenburger Münsterland, beide Radkarten im Maßstab 1:75 000 und vom Allgemeinen Deutschen Fahrrad-Club, kurz ADFC.

Die meisten Radfahrer verzichten mittlerweile auf Radkarten und benutzen stattdessen ein spezielles Navi für Radtouren. Deshalb auch bitte nicht wundern, wenn Ihr Gerät geringfügige Abweichungen bei der Kilometeranzahl und den Höhenmetern von unseren Angaben aufweist. Durch die Vielzahl an unterschiedlichen Navigationsgeräten auf dem Markt können schon mal geringfügige Unterschiede auftreten.

WELCHES RAD?

Das Osnabrücker Land ist grob betrachtet südlich der Autobahn A 30 in den Regionen Teutoburger Wald (Touren 28, 29 und 30) und im Wiehengebirge (Touren 25 und 26) ziemlich bergig mit oft kräfteraubenden Steigungen. Große Höhenunterschiede gibt es auch im Norden des Osnabrücker Landes, im Ankumer Hügelland (Touren 21), im Waldgebiet Maiburg (Touren 20) und den Dammer Bergen (Touren 16). Das Oldenburger Land ist weitgehend flach. Unsere Touren sind entsprechend der Topografie zwischen 25 und 55 Kilometer lang, wobei die meisten als leicht bis mittelschwer, die oben angeführten schwer (sportlich) eingestuft sind. Die meisten Freizeitradler bringen einiges an Erfahrung mit und kennen ihr Rad, ihre Kondition und ihr Tagespensum. Das Mountainbike können Sie getrost zu Hause lassen, ein Elektrorad ist aber im Trend und ist in den hügeligen Regionen einem klassischen, mehrgängigen Tourenrad vorzuziehen. Laden können Sie die Batterie meistens in Cafés, Restaurants, Hotels und in einigen Orten auch an Ladesäulen entlang der Radwege.

EINKEHREN

An Einkehrmöglichkeiten unterwegs mangelt es wirklich nicht, doch sind einige erst ab dem späten Nachmittag geöffnet. Natürlich gibt es auch Supermärkte und Tante-Emma-Läden, die tagsüber offen sind, allerdings häufig mit einer Mittagspause zwischen 13 und 15 Uhr. Eine Kleinigkeit zum Essen und natürlich auch etwas zum Trinken sollte immer dabei sein. Und vergessen Sie nicht einen Regen- und Windschutz sowie eine Sonnenbrille, Letzteres schon wegen der zahllosen kleinen, lästigen Insekten.

Menslager Kirchwinkel

Schattiger Radweg

Hengstforder Mühle am Aper Tief

AMMER-LAND UND OLDENBURG

Natur, Kultur und Tradition –
vom allem etwas

Leuchtturm im Barßeler Hafen

1

EINE RUNDE AM WASSER

Barßel – Augustfehn – Apen – Nordloh

Radeln am Wasser ist immer ein Genuss. Diese Runde führt am mehreren Flüssen durch den Westen des Ammerlandes, wo die Radlandschaft von Moor, Wasser und Wind, von Baumhecken und Bauerschaften geprägt wird. Große Pluspunkte sind die Weite, Stille und die Natur.

MIT BLICK AUFS WASSER Der lebendige Freizeithafen von Barßel mit Promenade, rot-weißem Leuchtturm, Spielplatz, Sport- und Einkehrmöglichkeiten ist der Anziehungspunkt des beschaulichen Ortes und Startpunkt dieser Radtour. Sie radeln vom Hafen zunächst Richtung Ortszentrum und gleich nach der Brücke über die Soeste folgen Sie nach links dem Radwegweiser Nordloher-Barßeler Tief. Der Radweg führt Sie an der Soeste, am Leuchtturm und dann am Tief entlang. Sie überqueren den Flusslauf, erreichen Knotenpunkt 33 und biegen hier nach links auf die Deichstraße zum Knotenpunkt 12 ein. Auf einer Allee durch Auenlandschaft radeln Sie zum Wasser zurück und zum Landschaftsfenster »Wasser«, ein Aussichtsturm mit Rastplatz am Nordloher-Barßeler Tief.

Die sogenannten Landschaftsfenster wurden im Rahmen der ersten niedersächsischen Landesschau an fünf verschiedenen Standorten im Ammerland errichtet und leiten den

Tipp

OLDENBURGER-LAND-ERFAHRUNG

Das Ammerland ist bekannt für seinen geräucherten oder luftgetrockneten Schinken, der auf keiner Speisekarte fehlt. Was liegt also näher, als dem guten Stück ein Museum zu widmen. In Apen hinter einer unscheinbaren Fassade eines Bürgerhauses befindet sich die 1748 gegründete Schinkenräucherei mit Reifeböden und Stube, wo man das gute Stück verkosten kann – einfach lecker! Feste Öffnungszeiten gibt es übrigens nicht, dafür kann man eine Führung nach eigenem Terminwunsch vereinbaren (www.schinkeneum.de).

Blick auf unterschiedliche Landschaftskulissen. Nicht nur die Aussicht vom Turm, sondern auch die folgende Strecke ist ein Genuss. Sie radeln durch eine stille, offene Landschaft

Im Augustfehner Fischimbiss holt man sich eine kleine Stärkung.

↑ Hengstforder Mühle
↗ Wasserreiche Radlandschaft
→ Aussichtspunkt am Aper Tief

Richtung Detern, entlang des mäandernden Nordloher-Barßeler Tiefs, das fast unbemerkt in die Jümme übergeht. Sie verlassen beim Knotenpunkt 92 die Jümme und schwenken nach rechts auf die alte Deichstraße zum Knotenpunkt 94 am Aper Tief. Unterwegs dorthin überqueren Sie auf einer Holzbrücke einen schmalen Kanal voller Seerosen.

AM APER TIEF Die Route stößt auf den nächsten Flusslauf: das Aper Tief. Es wurde Mitte des 19. Jahrhunderts kanalisiert, aber an seinen Ufern wurden Naturschutzgebiete ausgewiesen, um das natürliche Flussbett und die Uferlandschaft wieder zu entwickeln. Im Zickzack radeln Sie um das Naturschutzgebiet Vreschen-Bokel. Am Wegrand, kurz vor dem Knotenpunkt 94 erreichen Sie einen Aussichtspunkt, der zum Anhalten einlädt und zum Genießen der Ruhe und der Sicht auf die wasserreiche Landschaft mit zahlreichen Wasservögeln. Am Knotenpunkt 25 biegen Sie nach links ab und überqueren das Aper Tief nach Augustfehn. Die Radroute passiert erst noch das Dorf Vreschen-Bokel mit einer sehenswerten Backsteinkapelle.

Augustfehn durchqueren Sie geradeaus bis zum Kanal und Knotenpunkt 90. Wer Appetit hat, der kann im Ort beim Fehntjer Fischhuus anhalten. Sie verlassen Augustfehn am Kanal zurück zum Aper Tief. Am besten nehmen Sie den verkehrsarmen und sicheren Weg über die Brücke nach rechts und radeln anschließend nach links am Radweg am Aper Tief weiter. Der Fluss zeigt sich hier von seiner schönsten Seite mit dem von einem Schilfgürtel gesäumten Naturschutzgebiet Aper Tief. Blickfang am Fluss ist die Hengstforder Mühle, eine vorbildlich restaurierte Holländermühle. Im Mühlenhaus lädt ein nettes Restaurant zum Einkehren ein.

LETZTE ETAPPE Die Radroute führt über das Mühlengelände zur Landstraße, der Sie nach rechts bis zum Knotenpunkt 53 an der Ampelkreuzung folgen. Hier können Sie nach links einen Abstecher ins Zentrum von Apen machen. Die Radroute verläuft aber nach rechts weiter Richtung Godensholt zum Knotenpunkt 86. Sie schwenken hier nach links, durchqueren das Industriegebiet und biegen nach der Brücke über die Große Süderbäke, einen Seitenarm des Aper Tiefs, sofort nach rechts auf den Fuß- und Radweg am Wasserlauf ein. Sie überqueren das Wasser nochmals und verlassen Apen auf einem schönen Wirtschaftsweg. Die Route folgt dann einer schattigen Nebenstraße, die Sie am Knotenpunkt 18 nach rechts verlassen. Sie passieren einen Campingplatz mit Bier-

Tipp

GUTEN APPETIT

An dem am Radweg gelegenen Landgasthof Hengstforder Mühle werden Sie kaum vorbeikommen, ohne anzuhalten. Das Restaurant im Mühlenhaus mit Terrasse hat ein angenehmes Ambiente und eine gute Küche. Auch für Kaffee und Kuchen oder ein Bier sind Sie hier richtig.

garten, der auch Radgäste begrüßt. An einem Kanal entlang und durch Nordloh erreichen Sie wieder Knotenpunkt 33 an der Brücke in Barßel und es geht nach rechts am Nordloher-Barßeler Tief wieder zum Ausgangspunkt zurück.

INFO

HIGHLIGHT
Naturparadies

TOURENCHARAKTER
Rundtour auf asphaltierten Nebenstraßen, Wirtschafts- und Radwegen; kleiner Abschnitt Kiesweg

AUSGANGS-/ENDPUNKT
Parkplatz am Hafen von Barßel, Deichstraße 1

GPS-DATEN
53.167194, 7.734917

ANFAHRT
Auto: Auf der B 72 bis Ausfahrt Barßel, Elisabethfehn

KOMBINIERBAR MIT
Tour 7

E-BIKE-LADESTATION
Barßel: Paddel- und Pedalstation am Hafen, Deichstraße,

www.naturerlebnis-paddelundpedal.de

RADVERLEIH
Barßel: beim Vermieter

Leicht   31 km   32 Hm   2.00 Std.

INFORMATION
www.barssel-saterland.de;
www.apen.de

RHODODENDRON-TOUR

Bad Zwischenahn – Westerstede – Hüllstede – Linswege – Wiefelstede – Dreibergen

Der Name ist Programm, denn viele Gemeinden im Ammerland sind vom Rhododendron geprägt. Die Radwege werden von Sträuchern gesäumt und führen an sehenswerten Schaugärten vorbei, wofür Sie etwas Zeit einplanen sollten. Ein herrliches Blütenmeer erwartet Sie von April bis Juni im Herzen Ammerlands.

Rhododendren säumen vielerorts den Radweg.

2

Imposant erhebt sich die Kirche am Marktplatz von Westerstede.

AM PARK DER GÄRTEN Ausgangspunkt der Radtour ist Bad Zwischenahn, einer der schönsten und bekanntesten Orte Ammerlands. Alte Villen, hübsche Geschäfte, gute Gastronomie, der gepflegte Kurpark und die schöne Promenade verleihen dem Kurort ein bestimmtes Flair. Seine Attraktivität verdankt der Ort auch seiner Lage am Zwischenahner Meer, einem der größten Binnenseen Deutschlands.

Die Radrunde beginnt am Badepark mit großem Parkplatz und separatem Wohnmobilstellplatz. Sie radeln zunächst zur Straße, der Sie nach rechts folgen. Die Radzwischentafel leitet Sie an der Gabelung nach rechts stadtauswärts zum Knotenpunkt 80 am Stadion. Ab hier geht es rechts auf der Rhododendron-Route, erkennbar am rosa-weißen Logo mit Blume, weiter. Der Radweg führt Sie zum Park der Gärten und streift dabei das Zwischenahner Meer. Im weitläufigen Park der Gärten sind Dutzende, unterschiedliche

Mustergärten zu bewundern, ein Muss für Gartenfreunde. Den Besuch können Sie sich zum Schluss der Radtour aufheben, denn die Anlage ist auch abends geöffnet. Die Radzwischentafeln leiten Sie am Rande des Parks der Gärten entlang, wobei sich etwas von der Blumenpracht zeigt.

AUF NACH WESTERSTEDE Sie erreichen Knotenpunkt 93 und halten sich hier rechts nach Gießelhorst. Die Strecke verläuft durch Wald und Wiesen, vorbei an einem großen Gestüt mit schönem Rastplatz und schlängelt sich durch riesige, gepflegte Anbauflächen mehrerer Baumschulen. Eine der größten Baumschulen Europas hat einen wunderschönen, frei zugänglichen Schaugarten am Wegrand angelegt, klein, aber fein mit Rastbänkchen. Durch Gießelhorst und auf dem reizvollen historischen Gießelhorster Kirchweg erreichen Sie Westerstede, quer durch einen Park mit Rhododendren.

OLDENBURGER-LAND-ERFAHRUNG

Das Ammerland ist Europas bedeutendstes Anbaugebiet für Rhododendren. Das ist den günstigen Boden- und Klimaverhältnissen und dem Einsatz regionaler Gartenbetriebe zu verdanken. Am Beginn dieses Erfolges stand der Hofgärtner Carl Ferdinand Bosse (1755–1793), der im Schlossgarten Rastede der Fürstenfamilie Von Oldenburg die ersten Rhododendren pflanzte. Die farbenprächtigen Blumen prägen heute die Ammerländer Landschaft und ziehen während der Blütezeit im Frühling zahlreiche Besucher an.

Dem Radwegweiser Zentrum folgend, gelangen Sie zu Westerstedes schöner kleiner Altstadt.

REIZVOLLE ALTSTADT Westerstede gilt als Rhododendron-Stadt und kennt einige bezaubernde Privatgärten, die an bestimmten Tagen in der Saison ihre Pforten für Besucher öffnen. Die lange Geschichte des Städtchens zeigt sich auf dem sehenswerten Marktplatz, der von mehreren Baudenkmäler gesäumt ist. Blickfang ist die mittelalterliche Sankt-Petri-Kirche mit ihrem markanten und robusten Glockenturm. Mit netten, gemütlichen Cafés und Restaurants lädt der hübsche, kleine Platz sicher zur Pause ein.

↓ **Alter Glockenturm von Wiefelstede**
→ **Zwischenahner Meer**
↘ **Schaugarten von Ehren**

Freilichtmuseum in Bad Zwischenahn

Die Radroute verläuft über den Marktplatz auf das alte Rathaus zu und dann nach rechts weiter Richtung Linswege über den Knotenpunkt 40 zum Knotenpunkt 36 an der Brücke. Hier schwenken Sie nach links und folgen dem Fuß- und Radweg am Wasser zum Knotenpunkt 46, wobei Sie die Autobahn unterqueren.

ZUM RHODODENDRON-PARK
Den nächsten Ort, Hüllstede, durchqueren Sie im Zickzack. Achtung! Die Radzwischentafeln sind hier leicht zu übersehen. Auf einem Kies- und Wirtschaftsweg zwischen Äckern erreichen Sie Linswege. In dem von Landwirtschaft geprägten Ort lenken Sie nach rechts auf einen separaten Radweg an der Landstraße und erreichen nach wenigen Kilometern den Rhododendron-Park Hobbie. Das ausgedehnte Blumenparadies mit Rhododendren und Azaleen in unterschied-lichsten Farben und Formen können Besucher während der Blütezeit über einen Rundweg bewundern und es lädt auch mit dem Parkcafé in der Orangerie auf einen Stopp ein. Wenige Kilometer nach dem Rhododendronpark weist die Radtafel Sie nach rechts.

DURCH AMMERLANDS PARKLAND-SCHAFT
Der nächste Abschnitt führt über die Knotenpunkte 4, 74, 79 und 43 nach Wiefelstede, eine herrliche Strecke durch die geschwungene Ammerländer Parklandschaft auf Alleen, durch Wald, Wiesen und Felder. Am Ortsrand von Wiefelstede geht es am Knotenpunkt 43 nach rechts weiter Richtung Bad Zwischenahn. Aber ein kurzer Abstecher ins Zentrum von Wiefelstede lohnt sich, denn gegenüber dem Rathaus steht Ammerlands älteste und vielleicht auch schönste Kirche. Mit dem separaten Durchgangsturm

Herrlich im Halbschatten:
Einkehren im Gasthaus Spieker

bildet die Kirche ein wunderschönes Ensemble. Zum Einkehren in Wiefelstede ist Renkens Bauerndiele eine der beliebtesten Adressen unweit der Radroute. Sie verlassen das

GUTEN APPETIT

Weit über die Regionsgrenzen hinaus bekannt ist der Ammerländer Smortaal, der im Zwischenahner Meer gefangen und anschließend geräuchert wird. Eine weitere Delikatesse ist der Ammerländer Schinken: zart, mild und häufig mit regionalem Spargel serviert. Probieren kann man Schinken und Aal unter anderem im Gasthaus Spieker in Bad Zwischenahn.

Zentrum von Wiefelstede Richtung Bad Zwischenahn und Knotenpunkt 33. Unterwegs bietet sich beim Knotenpunkt 37 nach links über einen Waldweg ein Abstecher zum Rhododendron-Park in Gristede an, wo die bunten Blumen in einer Waldlandschaft ihre ganze Pracht entfalten.

AM ZWISCHENAHNER MEER Am Knotenpunkt 37 folgen Sie dem befestigten Waldweg Richtung Bad Zwischenahn durch das Dorf Gristede über Knotenpunkt 31 und 35. Sie halten sich an der Ortsausfahrt rechts und Fahren nach Dreibergen über die Knotenpunkte 97 und 89. Die Radtafeln leiten Sie gleich nach der Autobahn nach links auf einen Wirtschaftsweg durch eine reizvolle Landschaft und schließlich zum Zwischenahner Meer. Die letzten Kilometer verlaufen auf einem Fuß- und Radweg in

Ufernähe, aber ohne vollen Seeblick. Wald, Wiesen und Villen prägen die Uferlandschaft. Erst am Restaurant Hotel Jagdhaus haben Sie freien Blick auf den See.
In Bad Zwischenahn kommen Sie direkt zur Ortsmitte am wundervoll gestalteten Kurpark. Er erstreckt sich bis zum See und ist ideal um den Radtag in einem Strandcafé mit Blick auf das Treiben am Wasser ausklingen zu lassen. Gemütlich ist es auch im schattigen Biergarten des Gasthauses Spie-

ker, einem Teil des Freilichtmuseums, das harmonisch in den Kurpark eingefügt wurde und kostenfrei zu besichtigen ist. Immer dem Seeradrundweg folgend, gelangen Sie automatisch zum Ausgangspunkt am Badepark zurück, wobei die letzten Kilometer Sie am Alten Kurhaus, an der historischen Kirche und am Freizeithafen entlang und durch den Landschaftspark Auewiese führen – ein herrlicher Abschluss der Radrunde.

INFO

HIGHLIGHT
Sehenswürdigkeit

TOURENCHARAKTER
Rundtour auf asphaltierten Nebenstraßen, Wirtschafts- und Radwegen, kleine Abschnitte ungeteert

AUSGANGS-/ENDPUNKT
Parkplatz Am Badepark 1, Bad Zwischenahn

GPS-DATEN
53.187000, 8.000361

ANFAHRT
Auto: Auf der A 28 bis Ausfahrt 9 Neuenkruge, Edewecht, Bad Zwischenahn
Bahn: Mit dem Regional-Express (RE) aus Bremen und IC aus Hannover, Bremen und Emden

KOMBINIERBAR MIT
Tour 3

E-BIKE-LADESTATION
Bad Zwischenahn: am Marktplatz, Am Hohen Hagen (Kurpark), im Park der Gärten und bei den Vermietern

RADVERLEIH
Bad Zwischenahn: Bike by Reins (web.reins-bikes.de);

| Mittel | 48 km | 91 Hm | 3.30 Std. |

E-Bike Verleih Bad Zwischenahn (www.ebike-verleih-bz.de), Fahrradverleih Bad Zwischenahn (www.fahrradverleih-bad-zwischenahn.de)

INFORMATION
www.bad-zwischenahn-touristik.de

Querensteder Mühle

3

MÜHLENTOUR

Bad Zwischenahn – Specken – Querenstede – Westerscheps – Ocholt

Auf dieser Rundtour radeln Sie von Mühle zu Mühle –
jede ein sehenswertes Denkmal, jede mit interessanter
Geschichte. Die genussvolle Tour startet im Kurort Bad
Zwischenahn, im Herzen der Urlaubsregion Ammerland und
verläuft durch eine schöne, immer von Wind- und
Wassermühlen geprägte Kulturlandschaft.

ZWISCHENAHNER MÜHLE Mitten in Bad Zwischenahn im Freilichtmuseum am See zieht eine reizvolle, alte Holländermühle die Blicke auf sich. Diese Kappenwindmühle und auch die anderen historischen Gebäude des Museums standen ursprünglich an anderen Standorten in der Region, wurden dort abgebaut und in Bad Zwischenahn wieder originalgetreu aufgebaut. Die Zwischenahner Mühle ist noch funktionsfähig, und mit einer Führung von ehrenamtlichen Mitarbeitern zu besichtigen. Das Freilichtmuseum, integriert im besonders schön gestalteten Kurpark, finden Sie im Herzen der Stadt.

Dieser Radrunde beginnt am Badepark im Westen von Bad Zwischenahn und führt Sie auf der von Restaurants und Boutiquen gesäumten Hauptstraße quer durch den lebendigen Kurort. Etwa auf der Höhe des Kurparks beim Knotenpunkt 77 verlassen Sie Bad Zwischenahn und biegen nach rechts auf dem Radweg nach Specken ein.

AUF DER BAHNTRASSE Die nächste Strecke verläuft auf dem Kleinbahnweg, einem schönen, schattigen Radweg auf einem ehemaligen Bahndamm. Sie folgen der Bahntrasse bis zum Knotenpunkt 52. Sie biegen hier nach rechts Richtung Knotenpunkt 53 ab und radeln vorbei an der Speckener Mühle, die mit ihrer weißen Kappe bereits von Weitem die Aufmerksamkeit auf sich zieht. Nach der Windmühle überqueren Sie die Landstraße bei der Ampel geradeaus. Querenstede ist das nächste Ziel. Die Strecke dorthin verläuft durch die typische Ammerländer Parklandschaft. Direkt am Radweg in Querenstede begrüßt Sie eine Galerieholländermühle von 1802. Sie ist die höchste Mühle im Ammerland und wurde vom Mühlenverein saniert. Nebenan befindet sich eine Gaststätte mit Terrasse zum Einkehren.

Tipp

OLDENBURGER-LAND-ERFAHRUNG

Inmitten der reizvollen Ammerländer Parklandschaft liegt am Südufer des Zwischenahner Meeres die Kleinstadt Bad Zwischenahn, Kneippkurort und Moorheilbad zugleich und ein Refugium für Wassersport. Aber nicht nur die Lage am Zwischenahner Meer und die gute Infrastruktur im Wassersport- und Gesundheitsbereich locken vor allem die ältere Generation an, sondern auch Rad- und Wandermöglichkeiten und Sehenswürdigkeiten in und um den Kurort. Der Park der Gärten, das Freilichtmuseum im Kurpark, die historischen Kirchen und Mühlen sowie das ganze Jahr hindurch Veranstaltungen – Bad Zwischenahn ist eine Reise wert!

Historische Howieker Mühle

↑ Speckener Mühle
↗ Sankt-Marien-Kirche von Bad Zwischenahn
→ Ensemble im Zwischenahner Freilichtmuseum

MÜHLEN UND TOLLHAUS IN WESTER-SCHEPS

Die nächsten Kilometer führen auf dem Radweg entlang der Nebenstraße nach Osterscheps und zum Knotenpunkt 44. Die Radzwischentafeln leiten Sie kurz nach Knotenpunkt 44 rechts auf einen Wirtschaftsweg, an dessen Ende beim Knotenpunkt 42 eine wunderschöne Wallholländer Windmühle ins Auge springt. Sie folgen dem Radweg nach rechts. Die Radzwischentafeln leiten Sie nun am Ortsrand von Westerscheps nach links über Auen zum Knotenpunkt 36. Hier führt die Route nach rechts auf einem gepflasterten Wirtschaftsweg zum Landschaftsfenster »Mühle«. Unterwegs öffnet sich ein herrlicher Blick auf die Westerschepser Mühle mit reetgedeckter Kappe. Zurück an der Landstraße geht es zur nächsten Sehenswürdigkeit: dem Freilichtmuseum Tollhaus, einem hübschen Fachwerkensemble mit kleinem Museum und Café für einen gemütlichen Stopp. Kurz nach dem Museum verlassen Sie die Landstraße nach rechts auf einer schönen Allee zum Knotenpunkt 33. Hier schwenken Sie nach links und folgen den Radwegweisern Richtung Ocholt über die Knotenpunkte 15, 23 und 21 durch eine herrliche Kulturlandschaft aus Alleen, Wiesen und Feldern.

MALERISCHE WASSERMÜHLE

Die Howieker Wassermühle ist ein fotogener Fachwerkbau mit Reet- und Ziegeldach, ein wahres Schmuckstück aus dem 17. Jahrhundert. Die idyllisch im Wald gelegene Mühle erreichen Sie ab Knotenpunkt 21 nach rechts auf einem ungeteerten Radweg am Bach entlang. Von der Mühle leiten Sie die Radzwischentafeln auf Wald- und Wirtschaftswegen an hübschen Bauernhöfen entlang über Ohrwege zurück nach Bad Zwischenahn.

Immer den Wegweisern folgend, erreichen Sie den Ortsrand von Bad Zwischenahn. An der Brücke beim Knotenpunkt 49 dem Wegweiser Zentrum folgen. Auf einem Kiesweg geht es dann durch den Landschaftspark Auewiese und entlang des Seeufers gelangen Sie schließlich zum Kurpark mit der Gaststätte Spieker und der Zwischenahner Mühle. Am Ostrand des Kurortes wartet noch die Rügenwalder Mühle von

Tipp

GUTEN APPETIT

Schon das Gebäude und Ambiente der Gaststätte Spieker im Kurpark von Bad Zwischenahn lohnt einen Blick, und die Speisekarte verführt mit deftiger regionaler Küche, allem voran der Smoortaal (geräucherter Aal) aus dem Zwischenahner Meer.

2013, an der eine Tafel über die besondere Geschichte dieser jungen Holländermühle informiert.

INFO

HIGHLIGHT
Sehenswürdigkeit

TOURENCHARAKTER
Rundtour auf asphaltierten Nebenstraßen, Wirtschafts- und Radwegen, kleine Abschnitte ungeteert

AUSGANGS-/ENDPUNKT
Parkplatz Am Badepark 1, Bad Zwischenahn

GPS-DATEN
53.187000, 8.000361

ANFAHRT
Auto: Auf der A 28 bis Ausfahrt 9 Neuenkruge, Edewecht, Bad Zwischenahn
Bahn: Mit dem Regional-Express (RE) aus Bremen und IC aus Hannover, Bremen und Emden

KOMBINIERBAR MIT
Tour 2

E-BIKE-LADESTATION
Bad Zwischenahn: am Marktplatz, Am Hohen Hagen (Kurpark), im Park der Gärten und bei den Vermietern

Leicht   39 km   50 Hm   3.00 Std.

RADVERLEIH
Bad Zwischenahn: Bike by Reins (web.reins-bikes.de);
E-Bike Verleih Bad Zwischenahn (www.ebike-verleih-bz.de),

Fahrradverleih Bad Zwischenahn (www.fahrradverleih-bad-zwischenahn.de)

INFORMATION
www.bad-zwischenahn-touristik.de

FLUSSLANDSCHAFT HUNTE

Oldenburg – Paradies – Moorriem – Neuenhuntorf – Blankenburg

Im Jahr 2008 wurden die Ufer der fast 200 Kilometer langen Hunte im Projekt »Flusslandschaft Hunte« zur Schutzzone erklärt, mit dem Ziel, die Landschaften soweit wie möglich zu renaturieren. Diese Radrunde führt Sie von Oldenburg durch die Zone am linken Ufer bis zur Wesermarsch und an der anderen Uferseite wieder retour.

Blick auf den Oldenburger Stadthafen

4

ZUR WESERMARSCH Die Tour beginnt am Oldenburger Wasserturm beim Stadthafen. Das Gebiet um den alten Turm wurde zu einem modernen Wohnbezirk umgestaltet und der Hunteradweg führt hier direkt am Parkplatz vorbei. Schon bald nach dem Überqueren der Bahngleise verlassen Sie die Stadt und stoßen auf einen schönen Deichweg. Nun immer dem Fluss folgend, haben Sie freie Sicht auf die Flusslandschaft. Die Hunte ist hier begradigt, und teilweise ist das Land als Naturschutzgebiet ausgewiesen wie die Bornhorster Huntewiesen, die im Winter auch als Überschwemmungsgebiet dienen. Das Ufergebiet ist auch von Bedeutung für Zugvögel und Schafherden unterhalten die begrünten Deiche. Unterwegs passieren Sie verschiedene Wasserwerke, die den Wasserstand regulieren. Den Radzwischentafeln folgend, verlassen Sie das Poldergebiet Innerer Teich durch ein altes Sieltor, das früher bei Hochwasser geschlossen werden konnte, um das Land hinter den Deichen vor Überflutung zu schützen.

ALTES KULTURLAND Die Radstrecke führt hinter den Deichen durch Paradies, eine Bauerschaft mit einer Handvoll schöner Fachwerkhäuser, und streift dabei das Naturschutzgebiet Gellener Torfmöörte. Dem Wirtschaftsweg und dem Logo des Radweges Oldenburger Land folgend, radeln Sie durch ein von Landwirtschaft geprägtes Gebiet Richtung Bardenfleth, wobei Sie an der T-Kreuzung nach rechts, später nach links fahren. Auf einer ruhigen Nebenstraße geht es nach Moorriem, einer aus mehreren Bauerschaften bestehenden Gemeinde. Schmucke, unter Denkmalschutz stehende Bauernhöfe begleiten Sie am Wegrand.
In der Bauerschaft Dalsper schwenken Sie bei der Gaststätte Bielefeld nach rechts und folgen dabei dem Radwegweiser Richtung Elsfleth. Auf einem Wirtschaftsweg durch-

 Unterwegs in den Bornhorster Huntewiesen

Tipp

OLDENBURGER-LAND-ERFAHRUNG
Im Landstrich Moorriem, einer mittelalterlichen Marschmoorsiedlung östlich von Oldenburg, liegt ein Dutzend pittoresker Dörfer mit zahlreichen, unter Denkmalschutz stehenden Bauernhöfen im Fachwerkstil und reetgedeckten, oft bis zu 300 Jahre alten Wohnhäusern. In einigen Dörfern scheint die Zeit stehen geblieben zu sein. Das Landleben ist durchwegs beschaulich. Landwirtschaft, Pferdezucht und Gartenwirtschaft prägen den Alltag. Eine Handvoll Fachwerkkirchen, rustikale Landcafés und Hofläden bieten einen guten Einblick ins Schaffen und Leben in diesem rund 16 Kilometer langen Landstrich – einfach angucken!

 ↑ Deichradweg an der Hunte
↗ Fachwerkhaus in Moorriem
→ Oldenburger Schloss

queren Sie ein fruchtbares Marschland und stoßen nahe der Huntemündung in die Weser auf eine Landstraße, die Sie geradeaus überqueren. Kurz danach folgen Sie dem Huntedamm nach rechts, wobei Sie die Radtafeln nach links ignorieren. An Fischteichen entlang gelangen Sie zur Huntebrücke. Bereits seit dem Mittelalter wird an dieser Stelle die Hunte überquert.

Tipp

GUTEN APPETIT

An der Promenade im Oldenburger Stadthafen gibt es unterschiedliche Gastronomiebetriebe, alle mit einer Terrasse am Wasser. Einfach mal ausprobieren, wie etwa Ols Brauhaus, Liner's Bar oder die Restaurants Secco und Glut & Wasser.

Auf der anderen Uferseite führt der Radweg mit einer Kurve unter der Landstraße hindurch und Sie radeln durch schmucke Bauerndörfer langsam wieder an die Hunte zurück. Am Fuß des Deiches geht es auf einem Unterhaltsweg Richtung Oldenburg zurück.

AM RECHTEN HUNTEUFER Die Radlandschaft am rechten Ufer wird von Kanälen, Weiden und Wiesen mit Schaf- und Kuhherden geprägt. Nahe Hollersiel treffen Sie auf einen Aussichtspunkt mit freier Sicht auf die teilweise renaturierte Uferlandschaft mit vielen Wasservögeln. Im Café Huntewasser, wo es gegenüber ebenfalls einen Aussichtspunkt gibt, kann ein Stopp für Kaffee und Kuchen eingeplant werden. Beachten Sie allerdings die Öffnungszeiten!
Der Radweg berührt danach fast die Hunte. Sie durchqueren den Klosterforst und gelangen am ehemaligen Kloster Blankenburg

vorbei auf den Radweg Richtung Oldenburger Zentrum. Die Radtafeln leiten Sie unter der Autobahn hindurch, dann durch den Oldenburger Stadtwald und durch Industriegelände. Über die Huntebrücke gelangen Sie ins Oldenburger Stadtzentrum. Hier treffen Sie auf eine Ringstraße ums Zentrum, wo Sie nach rechts zum Stadthafen und weiter zum Ausgangspunkt radeln können.

Für eine Besichtigung des historischen Oldenburger Stadtkernes überqueren Sie die Ringstraße einfach geradeaus. Das historische Zentrum von Oldenburg ist nicht allzu groß und zu Fuß leicht zu erkunden. Sehenswert in der Altstadt mit schönen Ecken sind der Marktplatz mit dem historischen Rathaus, die Lambertikirche, die Lange Straße mit der Alten Apotheke und das Nikolai-Viertel mit netten Einkehrmöglichkeiten. Und last, but not least Schloss Oldenburg im Renaissancestil, in dem das Landesmuseum Oldenburg untergebracht ist.

| Mittel | 51 km | 38 Hm | 4.00 Std. |

HIGHLIGHT
Sehenswürdigkeit

TOURENCHARAKTER
Rundtour auf asphaltierten Nebenstraßen, Wirtschafts- und Radwegen

AUSGANGS-/ENDPUNKT
Parkplatz am Wasserturm, Stau 121–127, Oldenburg

GPS-DATEN
53.140639, 8.232333

ANFAHRT
Auto: Auf der A 29 bis Ausfahrt 15 Oldenburg-Hafen oder A 28 Ausfahrt 15 Oldenburg-Kreyenbrück
Bahn: Regionalbahn (RB), Regional-Express (RE) und IC/ICE aus vielen Orten Deutschlands

KOMBINIERBAR MIT
Touren 2 und 3 ab Bad Zwischenahn (ca. 16 km)

E-BIKE-LADESTATION
Bei den Radvermietern

RADVERLEIH
Oldenburg: Oli-Bike-Fahrradverleih (www.oli-bike.de), Radverleih Vosgerau am Damm (www.vosgerau-am-damm.de), Fahrradzentrum Oldenburg (www.fzol.de)

INFORMATION
www.oldenburg.de

Hunteradweg bei Wildeshausen

5

GENUSSTOUR DURCH DAS HUNTETAL

Wildeshausen – Dötlingen – Ostrittrum – Westrittrum – Amelhausen

Das Huntetal ist Teil des weitläufigen Naturparks Wildeshauser Geest. Diese Tour führt Sie durch die reizvolle Uferlandschaft nördlich von Wildeshausen, die mit Auen, Heidefläche, Moor, Binnendüne, Wiesen und Kulturland überrascht. Dötlingen bietet mit wunderschöner Fachwerkarchitektur das Pünktchen auf dem i.

INS HUNTETAL Der Beginn dieser gemütlichen Tour für die ganze Familie ist am Bahnhof in Wildeshausen, wo Sie dem Wegweiser zur Stadtmitte und weiter zum Knotenpunkt 40 am linken Ufer der Hunte folgen. Sie passieren unterwegs das historische Rathaus am Marktplatz mit altem Brunnen und die spätromanische Sankt-Alexander-Kirche mit einem wuchtigen Turm. Dahinter liegt der Bibelgarten, ein rund um die Uhr zugänglicher, historischer Klostergarten mit Pflanzen und Bäumen, die einen Bezug zur Bibel haben.

Ab dem Knotenpunkt 40 hinter der Kirche verläuft die Radtour auf dem Fuß- und Radweg fast immer entlang des Ufers der Hunte Richtung Dötlingen. Sie unterqueren zunächst zwei Brücken, radeln an einer Stromschnelle entlang und tauchen in den Naturpark Wildeshausener Geest ein, der hier eine abwechslungsreiche Landschaft bietet. Nach der Autobahn schlängelt sich die Strecke durch die idyllische Uferlandschaft der Hunte, die Sie kurz vor dem Knotenpunkt 9 überqueren. Am rechten Ufer entlang über den Knotenpunkt 98 erreichen Sie den Knotenpunkt 15 in Dötlingen, das erste Ziel der Tour.

CHARMANTER ORT Dötlingen liegt am Fuße des Gierenberges, einem Teil der Steilhänge an der Hunte. Der äußerst charmante Ort wird durch eine überaus große Zahl an bestens erhaltenen Fachwerkhäusern geprägt. Informationstafeln geben Auskunft über die Geschichte und Funktion der Häuser. Ein Blickfang im Ortskern ist die Feldsteinkirche aus der Mitte des 13. Jahrhunderts. Gegen Ende des 19. Jahrhunderts haben sich hier viele bekannte Maler niedergelassen und sich von der Atmosphäre und der Umgebung inspirieren lassen. Die Künstlerkolonie war vor allem wegen der Landschaftsbilder bis weit über die Landesgrenzen hinaus bekannt.

Am Knotenpunkt 15 halten Sie sich links und kurz danach erneut links. Sie verlassen Dötlingen mit einer leichten Steigung über den Poggenpohlsand. Den Radtafeln folgend,

Kajakrastplatz in der Hunte

geht es entlang des Poggenpohlmoors zum Naturdenkmal Oltmannberg, einer etwas versteckten Binnendüne mit Heidefläche, die zu Fuß über den Heidesteg erreichbar ist. Am Fuße des Oltmannberges am Wegrand laden Bänkchen und ein Tisch zu einer Rastpause ein.

BADESTOPP AM WENDEPUNKT Im Ortsrand von Ostrittrum passieren Sie die Rückseite des Wild- und Freizeitparks Ostrittrum, eine etwa 18 Hektar große Oase für die Jüngsten mit unter anderem Streichelzoo, Naturlehrpfad und Märchenwald. Über Knotenpunkt 63 und 35 geht es weiter zum Knotenpunkt 7 in Westrittrum, dem Wendepunkt der Radtour. Sie streifen dabei Ostrittrum nur am Rande, überqueren die Hunte und haben beim Knotenpunkt 7 die Möglichkeit für einen Abstecher zum Badesee Westrittrum, der sich etwa einen Kilo-

meter weiter westlich befindet. Beim Knotenpunkt 7 geht es südwärts Richtung Wildeshausen auf einen Wirtschaftsweg mit schönen Fachwerkhöfen. Sie stoßen auf eine Nebenstraße, der Sie nach links Richtung Dötlingen und Knotenpunkt 98 folgen. Entlang der Nebenstraße passieren Sie Gut Moorbeck, eine wunderschöne Hofanlage im Fachwerkstil mit Garten und Restaurant zum Einkehren.

GLANER BRAUT Ein bekanntes Ausflugsziel in der Region ist die Glaner Braut, eine Ansammlung von Großsteingräbern in einer Heidefläche am Westufer der Hunte. Die Radwegweiser leiten Sie durch den Wald entlang dieser eindrucksvollen, archäologischen Stätte und weiter auf einem Fuß- und Radweg zurück zum Knotenpunkt 98 südlich von Dötlingen. Dabei überqueren Sie die Hunte mehrmals auf Holzbrücken.

Ab dem Knotenpunkt 98 geht es zwar auf der gleichen Strecke entlang der Hunte wieder zurück zum Ausgangspunkt, aber diese idyllische Flusslandschaft kann man immer wieder genießen. In Wildeshausen können Sie im Biergarten Altes Amtshaus bei der Sankt-Alexander-Kirche oder im Ortszentrum im Ratskeller des historischen Rathauses mit Straßenterrasse den Tag gemütlich ausklingen lassen.

GUTEN APPETIT

Im Gut Moorbeck in Amelhausen vereinen sich Tradition und Moderne, und in der rustikalen Gutsstube mit regionalen Produkten werden herzhafte Gerichte und süße Nachspeisen serviert. Die Stube ist von Mittwoch bis Sonntag bereits ab 9 Uhr geöffnet.

HIGHLIGHT
Naturparadies

TOURENCHARAKTER
Rundtour auf asphaltierten Nebenstraßen und Wirtschaftswegen sowie Kieswegen

AUSGANGS-/ENDPUNKT
Parkplatz beim Bahnhof in Wildeshausen, Ladestraße 21

GPS-DATEN
52.896583, 8.431222

ANFAHRT
Auto: Auf der A1 bis Ausfahrt 60 Wildeshausen-Nord
Bahn: Verbindung mit der Nordwestbahn zwischen Bremen und Osnabrück

KOMBINIERBAR MIT
Tour 6

E-BIKE-LADESTATION
Wildeshausen: am Bahnhof, beim Hotel Wildeshauser Hof, Rewe- und Familia-Markt
Dötlingen: am Klänerhof

RADVERLEIH
Wildeshausen: Verkehrsverein Wildeshausen e.V., Markt 1

| Leicht | 33 km | 28 Hm | 2.30 Std. |

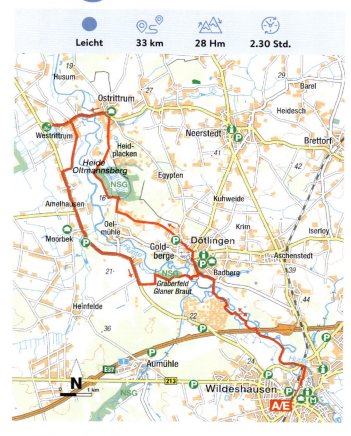

Dötlingen: Frank Frerichs Fahrradtechnik, Wildeshauser Straße 8

INFORMATION
www.wildeshausen.de;
www.doetlingen.de

WILDESHAUSER GEEST

Wildeshausen – Rechterfeld – Bonrechtern – Visbek

Die charmante Altstadt von Wildeshausen, das idyllische Tal der Hunte, Heideflächen, Wiesen, Wälder, reizvolle Wassermühlen, das bekannte Pestruper Gräberfeld und das Großsteingrab Visbeker Braut – es gibt viel zu entdecken auf dieser leichten Radrunde durch den Naturpark Wildeshauser Geest.

6

Pestruper Heide mit Grabhügeln

↑ Schattiger Abschnitt im Wildeshauser Geest
↗ Idyllisches Hunteufer

NATURPARK Der Wildeshauser Geest zählt zu den größten Naturparks in Deutschland und bietet eine variationsreiche, leicht gewölbte Landschaft geprägt von Wäldern, Heiden und Wiesen. Die vielen urzeitlichen Großsteingräber und Findlinge zeugen von einer frühen Besiedlung des Gebietes und beeindrucken noch heute mit ihrem Umfang. Der Luftkurort Wildeshausen ist der Mittelpunkt des Naturparks und Ausgangspunkt dieser Radroute.

Beginnend am Bahnhof folgen Sie den Radwegweisern zur Stadtmitte und weiter zum Knotenpunkt 40 entlang des historischen Rathauses am Marktplatz. Hinter der imposanten Alexanderkirche, deren Turm von Weitem grüßt, stoßen Sie auf Knotenpunkt 40. Ab hier verläuft die Radroute nach rechts zum Knotenpunkt 1 an der Huntebrücke. Sie überqueren den Fluss und lenken gleich nach rechts Richtung Pestrup. Die Tour folgt jetzt einer schönen Etappe des Hunteradweges, erkennbar am weißen Logo mit grünem Fahrrad und blauer Welle. Sie radeln nah am Wasser, passieren

Knotenpunkt 73 und verlassen kurz danach den Hunteradweg zum Naturschutzgebiet Pestruper Gräberfeld.

AM PESTRUPER GRÄBERFELD Die Radwegweiser leiten Sie durch den Wald und an der Südseite des Pestruper Moores entlang. So gelangen Sie zum Pestruper Gräberfeld an der anderen Seite der Nebenstraße. Keine großen Findlinge erwarten Sie hier, sondern eine wundervolle Heidefläche mit über 500 in die Landschaft integrierte Grabhügel. Das überregional bekannte Pestruper Gräberfeld ist nicht nur ein riesiger bronze- und eiszeitlicher Friedhof, der bis etwa 200 v. Chr. genutzt wurde, sondern ist auch die größte Heidefläche im Oldenburger Land. Besonders im August und September, wenn die Heide in Lila erstrahlt, ist es ein beliebtes Ausflugsziel.

Vom Wanderparkplatz an der Heide geht es nach links an der Nebenstraße entlang und dann nach rechts Richtung Düngstrup bis zum Knotenpunkt 16 an der Kreuzung. Hier biegen Sie nach links auf einen Wirt-

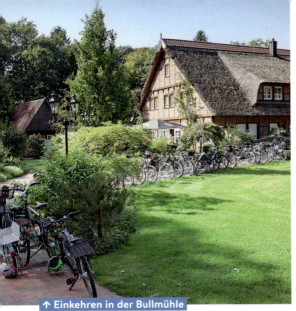

↑ Einkehren in der Bullmühle
↗ Altes Rathaus von Wildeshausen
→ Im Zentrum von Visbek

schaftsweg durch offene Agrarlandschaft ein. Die Radzwischentafeln leiten Sie nun über die Knotenpunkte 32, 42 und 11 nach

Tipp

OLDENBURGER-LAND-ERFAHRUNG

Wildeshausen überrascht mit reizvollem Ortskern und schöner Lage an der Hunte. Der alte Kern befindet sich um die spätromanische Alexanderkirche. Sie ist die einzige Basilika des Oldenburger Landes. An ihrer Südseite schließt der Remter an, ein ehemaliger Saal und heute das älteste Gebäude der Stadt. Dahinter liegt der Bibelgarten. Nördlich der Kirche steht das Alte Amtshaus, auch Dielenhaus genannt, in dem ein Restaurant mit Biergarten untergebracht ist. Ein paar Schritte südlich der Kirche treffen Sie auf das historische Rathaus mit gotischem Stufengiebel und dem gemütlichen Ratskeller – einem guten Ort zum Abschluss des Rundganges.

Rechterfeld durch eine abwechslungsreiche und leicht gewölbte Landschaft des Naturparks.

FRUCHTBARES LAND Das Dorf Rechterfeld durchqueren Sie am Rand Richtung Knotenpunkt 26 und Bonrechtern. Der nächste Abschnitt windet sich durch weites flaches Agrargebiet, bekannt für Blumenzucht und Gemüseanbau. In der Bauerschaft Bonrechtern angelangt führt die Route am Kriegerdenkmal und Knotenpunkt 26 nach rechts weiter. Das nächste Ziel, das Städtchen Visbek, erreichen Sie auf einer schönen Allee entlang zahlreicher Obstgärten und über Knotenpunkt 13.

Visbek ist eine der ältesten Ortschaften im Naturpark Wildeshauser Geest. Sein Reiz wird aber von der Natur in der Umgebung bestimmt. Die Radroute verläuft im Ortszentrum am Knotenpunkt 4 nach rechts weiter, entlang des urigen Cafés Bremer Tor zum Knotenpunkt 8 hinter der Kirche. Hier schwenken Sie nach rechts Richtung Knotenpunkt 1.

MYSTISCHER WALD Sie verlassen Visbek auf einem Waldweg durch das Naturschutzgebiet Bäken der Endeler und Holzhauser Heide vorbei am Mühlenteich der Bullmühle, ein beliebtes und einladendes Ausflugslokal in idyllischer Lage. Die Radroute verläuft nun über die Knotenpunkte 1, 88, 95 und 24 durch herrliche Waldlandschaften mit rauschenden Bächen zurück Richtung Wildeshausen. Unterwegs können Sie noch einen Abstecher zum Großsteingrab Visbeker Braut mit einem beeindruckenden Umfang von 80 Meter Länge machen. Sie erreichen schließlich die Bundesstraße, die Sie rechts beim Knotenpunkt 34 zum Knotenpunkt 67 über-

Tipp

GUTEN APPETIT

Restaurant und Café Bullmühle nahe Visbek begeistert mit seiner romantischen Lage im Wald am Mühlenteich. Einen Mittagstisch gibt es nur am Sonntag, aber von Donnerstag bis Sonntag können Sie nachmittags frischen Kaffee und leckeren Kuchen genießen.

queren. Ab hier geht es dann nach rechts auf einem Forstweg weiter und Wildeshausen ist in wenigen Minuten wieder erreicht.

INFO

Leicht   39 km   143 Hm   2.30 Std.

HIGHLIGHT
Naturparadies

TOURENCHARAKTER
Rundtour auf asphaltierten Nebenstraßen und Wirtschaftswegen sowie ungeteerten Rad- und Forstwegen

AUSGANGS-/ENDPUNKT
Parkplatz beim Bahnhof in Wildeshausen, Ladestraße 21

GPS-DATEN
52.896583, 8.431222

ANFAHRT
Auto: Auf der A1 bis Ausfahrt 60 Wildeshausen-Nord
Bahn: Verbindung mit der Nordwestbahn zwischen Bremen und Osnabrück

KOMBINIERBAR MIT
Touren 5 und 13 ab Visbek

E-BIKE-LADESTATION
Wildeshausen: am Bahnhof, beim Hotel Wildeshauser Hof,

beim Rewe- und Familia-Markt Visbek: beim Edeka-Markt, Rechterfelder Straße 28; Pastors Wisk, Visbeker Park, Vitusstraße

RADVERLEIH
Wildeshausen: Verkehrsverein Wildeshausen e.V., Markt 1

INFORMATION
www.wildeshausen.de; www.visbek.de

Harkebrügger Badesee

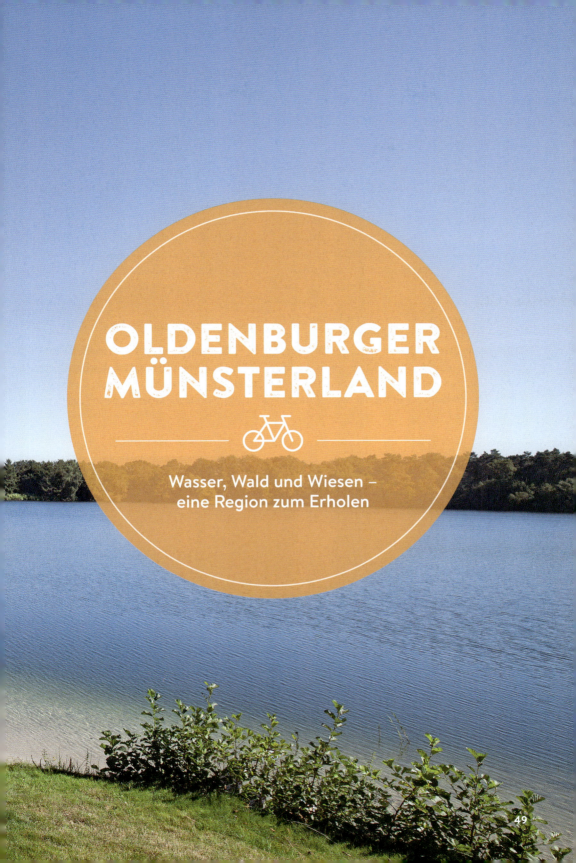

OLDENBURGER MÜNSTERLAND

Wasser, Wald und Wiesen –
eine Region zum Erholen

Barßeler Windmühle

7

BARSSELER LAND

Barßel – Elisabethfehn – Harkebrügge – Loher Westmark

Gemächlich führt diese Rundtour durch das Barßeler Land, ein traditionelles Moorgebiet geprägt von Flüssen und Fehnkanälen, von alten Klappbrücken und noch intakten Schleusen. Zu den Highlights zählt neben der verträumten, wasserreichen Landschaft auch das ansprechende Moor- und Fehnmuseum in Elisabethfehn.

START AM WASSER Ausgangspunkt der Route ist Barßel im äußersten Nordwesten des Oldenburger Münsterlandes und mitten in einem stillen, wasserreichen Gebiet, das sich weit über die Regionsgrenze über Ammerland bis nach Friesland erstreckt. Torfhandel mit den Nachbarregionen prägte die Geschichte des Kirchdorfes an der Soeste. Die Fehngeschichte der Region ist in der Umgebung noch gut erkennbar wie am reizvollen Elisabethfehnkanal, dem ersten Ziel dieser Radrunde.

Los geht es am lebendigen, mit schöner Promenade und Aussichtsturm gestalteten Freizeithafen in Barßel. Von hier radeln Sie stadtauswärts in nördlicher Richtung, ein schöner Start am Wasser entlang mit Blick auf den rot-weißen Leuchtturm am anderen Flussufer. Sie folgen der Deichstraße entlang der Felder und mit ab und an freiem Blick auf das Wasser der Soeste und des Nordloher-Barßeler Tiefs.

AM ELISABETHFEHNKANAL Am Knotenpunkt 42 biegen Sie links ab und nehmen

Tipp

OLDENBURGER-LAND-ERFAHRUNG

Der Elisabethfehnkanal wurde zwischen 1855 und 1893 erbaut und ist eine besondere Wasserstraße, die heute als Kulturdenkmal geschützt ist. Der etwa 15 Kilometer lange Kanal ist der einzige, noch voll schiffbare Fehnkanal Deutschlands. Die malerische Kulisse aus Wasser mit weißen Klappbrücken, kleinen Schleusen mit Schleusenwärterhäuschen und den Baumbeständen an beiden Ufern macht den Kanal zu einem attraktiven Touristenziel, das sowohl Radfahrer als auch Freizeitkapitäne und Fotografen begeistert.

Kurs auf Elisabethfehn und den Elisabethfehnkanal. An der ersten, für das Fehngebiet typischen weißen Klappbrücke angelangt, erblicken Sie rechts die Schleuse Osterhausen mit dem ehemaligen Schleusenwärterhäuschen. Fast hätte man die alte Schleuse wegen fehlender Mittel zur Sanierung stillgelegt.

Elisabethfehnkanal

↑ **Am Kanalufer**
↗ **Historisches Plattbodenboot**
→ **Moorlehrgarten im Fehnmuseum**

Dank einer Bürgerinitiative konnte die Schleuse aber neu aufgebaut und so der Kanalbetrieb gerettet werden. Alle Schleusen im Kanal werden seitdem ehrenamtlich betrieben – wie einst, immer noch mit der Hand –, ein interessanter und sehenswerter Vorgang in der Schleusenkammer. Vor der Klappbrücke schwenken Sie nach links und folgen dem schnurgeraden Fehnkanal auf einer schönen und ruhigen Allee.

Tipp

GUTEN APPETIT

Die Teestube mit Sonnenterrasse im Moor- und Fehnmuseum ist die beste Adresse für eine Pause unterwegs. Neben hausgemachten Kuchen werden hier auch traditionelle Buchweizenpfannkuchen und gelegentlich auch typischer Oldenburger Grünkohl serviert.

MOOR UND FEHNMUSEUM In Elisabethfehn, einem lang gezogenen Ort, der beim Bau des Fehnkanals entstanden ist, begegnen Sie gleich drei Klappbrücken hintereinander. Der Ort punktet mit dem interessanten Moor- und Fehnmuseum, das sich in unmittelbarer Nähe der Klappbrücken am anderen Kanalufer befindet. Das nette Museum ist in einem ehemaligen Kanalwärterhäuschen untergebracht und dokumentiert auf anschauliche und moderne Weise die Entstehung des Torfes und die Geschichte des Torfabbaus. Im Außenbereich finden Technikbegeisterte historische Maschinen, und Naturliebhaber erfahren im Moorlehrgarten alles über typische Moorpflanzen. Das Museum hat für fast jeden etwas zu bieten und ist auch familienfreundlich gestaltet. Zum Abschluss können Sie in der kleinen Teestube mit Terrasse Einkehren und regionale Spezialitäten verkosten.
Die Radroute verläuft an der schattigen und ruhigen Seite des Kanals weiter, vorbei an der pittoresken, alten Schleuse Brandreeken samt

Betriebshäuschen. Am Knotenpunkt 59 in Reekenfeld kehren Sie dem Elisabethfehnkanal den Rücken und folgen dem Wirtschaftsweg nach links Richtung Harkebrügge.

EINE LÄNDLICHE STRECKE ZURÜCK Der letzte Abschnitt führt durch Wiesen, Felder und Waldstücke zurück nach Barßel. Sie radeln vom Elisabethfehnkanal zunächst auf die Soeste zu, passieren den Harkebrügger See mit kleinem Strand und radeln auf guten Wirtschaftswegen in Ufernähe des sich schlängelnden Flusses. Am Knotenpunkt 40 in Loher Westmark wählen Sie die Route nach links auf dem Wirtschaftsweg Richtung Elisabethfehn und folgen der Straße immer geradeaus zurück nach Barßel. Am Ortsrand überqueren Sie die Soeste und biegen gleich nach links auf den Fuß- und Radweg am Deich ein. Am Fluss entlang geht es zur letzten Sehenswürdigkeit der Radtour: der Ebkensschen Mühle. Die Galerieholländermühle von 1892 mit Mühlenhaus glänzt im alten Stil dank aufwendiger Renovierungsarbeiten und ist bestimmt einen Stopp wert. Von der Mühle aus durchqueren Sie Barßel nach links und an der Backsteinkirche entlang geht es zurück zum Ausgangspunkt am Hafen.

INFO

HIGHLIGHT
Sehenswürdigkeit

TOURENCHARAKTER
Rundtour auf asphaltierten Nebenstraßen und Wirtschaftswegen; ungeteerter Radweg entlang der Soeste

AUSGANGS-/ENDPUNKT
Parkplatz am Hafen von Barßel, Deichstraße 1

GPS-DATEN
53.167194, 7.734917

ANFAHRT
Auto: Auf der B 72 bis Ausfahrt Barßel, Elisabethfehn

KOMBINIERBAR MIT
Tour 1

E-BIKE-LADESTATION
Barßel: Paddel- und Pedalstation am Hafen, Deichstraße, www.naturerlebnis-paddelundpedal.de

RADVERLEIH
Barßel: beim Vermieter

INFORMATION
www.barssel-saterland.de;
www.fehnmuseum.de

Leicht | 29 km | 24 Hm | 2.00 Std.

DURCHS SATERLAND

Friesoythe – Altenoythe – Kampe – Scharrel – Ellerbrock

Auf dieser gemütlichen Radrunde erleben Sie das bis ins 19. Jahrhundert von schwer zugänglichen Moorgebieten umschlossene und damit isolierte Saterland nördlich des Küstenkanals. Tauchen Sie ein in eine andere Welt mit authentischen Dorfkernen, alten Windmühlen und malerischen Fehnkanälen.

8

Dorfkern von Scharrel

VON DER STADT ZUM KANAL Ausgangspunkt dieser Radrunde durch das Saterland ist Friesoythe, ein beschauliches Städtchen im Norden des Erholungsgebietes Thülsfelder Talsperre und an der Soeste gelegen. Die denkmalgeschützte alte Wassermühle im Fluss ist einer der Höhepunkte der Stadt. Direkt vor der Mühle, in der heute das Kulturzentrum untergebracht ist, steht Knotenpunkt 88, der Startpunkt der Radroute. Sie radeln auf die imposante Backsteinkirche im Zentrum zu und verlassen Friesoythe nach rechts durch die Durchfahrtsstraße über Knotenpunkt 75 ins benachbarte Altenoythe. Am Ortsbeginn folgen Sie nach links dem Radwegweiser Kampe entlang der bemerkenswerten Sankt-Vitus-Kirche. Das von einem Friedhof umgebene Gotteshaus stammt aus dem 12. Jahrhundert und wurde deutlich mehrmals erweitert. Sehenswert sind Gewölbemalereien und ein mittelalterlicher Schnitzaltar. An der T-Kreuzung hinter der Kirche halten Sie sich rechts und radeln zum Knotenpunkt 3 Richtung Ahrensdorf. Die Strecke führt auf Wirtschaftswegen und Alleen durch stilles Agrarland.

AM WASSER Die Route stößt beim Knotenpunkt 3 auf den Küstenkanal, der die Ems mit der Hunte bei Oldenburg verbindet. Sie folgen nach links dem Kiesweg am Kanalufer

OLDENBURGER-LAND-ERFAHRUNG

Die schöne Windmühle in Scharrel im Saterland ist ein lohnenswertes Ausflugsziel und fotogenes Motiv. Die in 1870 erbaute und vollständig restaurierte Galerieholländermühle ist noch betriebsbereit. Interessierte erfahren alles über die Geschichte der Mühle auf einer Tafel, und im Nebengebäude beleuchten historische Haus- und landwirtschaftliche Geräte die ländliche Kultur der Region. Von Mai bis September jeden ersten und dritten Sonntagnachmittag ist die Mühle geöffnet und es werden frischer Kaffee, selbst gemachter Kuchen und hochprozentiger Mühlenschnaps serviert.

Scharreler Windmühle

Richtung Kamperfehn mit oft freiem Blick auf die Wasserstraße. In Kampe überqueren Sie den Kanal. Sie halten sich am anderen Ufer links, überqueren die Soeste, die hier unter dem Küstenkanal durchfließt, und lenken am Elisabethfehnkanal nach rechts. Auf der reizvollen Allee radeln Sie am malerischen Kanal entlang, der zwischen 1855 und 1893 erbaut wurde. Der etwa 15 Kilometer lange Kanal ist der einzige, noch voll schiffbare Fehnkanal Deutschlands und heute als Kulturdenkmal geschützt. Die malerische Kulisse aus Kanal, Allee, weißen Klappbrücken und kleinen Schleusen mit Schleusenwärterhäuschen machen den Kanal zu einem attraktiven Ausflugsziel. Sie überqueren den Kanal auf der Hebebrücke bei Kamperfehn und folgen den Radwegweisern nach Scharrel.

DURCHS SATERLAND Die nächste Strecke verlauft über die Knotenpunkte 54, 57, 28 und 51 im Zickzack durch das von Moor-

und Agrarlandschaft geprägte Saterland. Durch die abgeschiedene geografische Lage inmitten des einstigen, fast undurchdringlichen Moorgebietes war das Saterland jahrhundertelang isoliert und die Bewohner, die Saterfriesen, konnten ihre Sprache erhalten. Heute wird das Saterfriesisch von so wenigen Menschen noch gesprochen, dass es sogar in das Guinnessbuch der Rekorde als kleinste Sprachinsel Europas aufgenommen wurde. Mit einer zweisprachigen Ortstafel und einer hübschen alten, aber noch funktionsfähigen Windmühle begrüßt Sie Scharrel. Die Radroute windet sich durch den ruhigen Ort an der großen Hallenkirche vorbei zur Kreuzung, die Sie geradeaus zum Knotenpunkt 27 und zum nächsten Ziel im Saterland, Sedelsberg, überqueren. Eine landschaftlich schöne Strecke auf einem guten Güterweg liegt nun vor Ihnen. Unterwegs begegnen Sie der Sagter Ems, die früher die einzige Verbindung zur Außenwelt darstellte.

DURCH LÄNDLICHE GEGEND Sedelsberg streifen Sie nur am Rande. Unter der Bundesstraße hindurch und über Knotenpunkt 43 am Küstenkanal verlassen Sie das Saterland Richtung Neuscharrel. In der Ortsmitte des Langdorfes können Sie eventuell eine Kaffeepause in der Dorfbäckerei einlegen. Danach biegen Sie vor der Kirche nach links ab und radeln auf schattigen Wirtschaftswegen weiter nach Ellerbrock und zum Knotenpunkt 64. An der Fußgängerampel führen nach links die letzten Kilometer durch agrarisches Gebiet am linken Ufer der Soeste und über die Knotenpunkte 67 und 73 zurück nach Frie-

Tipp

GUTEN APPETIT

Auf dieser Route begegnen Sie nur wenigen Einkehrmöglichkeiten. Auf halber Strecke, in Scharrel an der Hauptstraße, ist der Dorfkrug-Wok mit Biergarten eine Option. Auf Kaffee und Kuchen mit Blick auf die Kirche lädt die Dorfbäckerei Engberts in Neuscharrel ein.

soythe. Im Ortszentrum von Friesoythe um die Kirche gibt es verschiedene Einkehrmöglichkeiten, um den Tag ausklingen zu lassen.

INFO

HIGHLIGHT
Sehenswürdigkeit

TOURENCHARAKTER
Rundtour auf asphaltierten Nebenstraßen, Wirtschafts- und Radwegen

AUSGANGS-/ENDPUNKT
Parkplatz bei der Wassermühle, Mühlenstraße 4–12, Friesoythe

GPS-DATEN
53.019500, 7.860556

ANFAHRT
Auto: Auf der B 72 bis Ausfahrt Löningen, Markhausen, Friesoythe (West)

KOMBINIERBAR MIT
Touren 9 und 10

E-BIKE-LADESTATION
Friesoythe: beim Familia Markt, Am Hafen 1-3

RADVERLEIH
Derzeit kein Radverleih in Friesoythe oder Umgebung

INFORMATION
www.friesoythe.de;
www.saterland.de

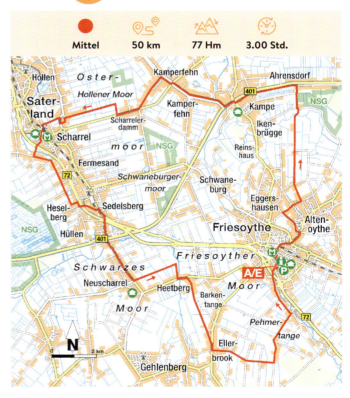

An der Soeste in Friesoythe

9

ZUR GEDENKSTÄTTE ESTERWEGEN

Friesoythe – Ellerbrock – Gehlenberg – Hilkenbrook – Esterwegen – Neuscharrel

Das idyllische Tal der Soeste, fruchtbare Agrarflächen, eine historische Windmühle, ein hübscher Badesee, die beeindruckende Gedenkstätte Esterwegen am Wendepunkt und das charmante Friesoythe als Start- und Endpunkt machen diese Radroute abwechslungsreich und interessant.

FRIESOYTHER WASSERMÜHLE Vom Parkplatz bei der noch intakten Wassermühle in Friesoythe geht es über die Soeste und dann nach links durch den grünen Stadtpark am Fluss Richtung Thülsfelder Talsperre. Die Radzwischentafeln leiten Sie allmählich aus der Stadt hinaus und auf einem Wirtschaftsweg durch das Tal der Soeste bis zum Knotenpunkt 73. Hier schwenken Sie nach rechts und radeln durch eine abwechslungsreiche Agrarlandschaft über Knotenpunkt 67 nach Ellerbrock und zum Knotenpunkt 64. In der kleinen Bauerschaft Ellerbrock halten Sie sich links und folgen den Radtafeln Richtung Gehlenberg an der Nebenstraße entlang. Über den Knotenpunkt 62 gelangen Sie nach Neuvrees, das Sie geradeaus durchqueren. Am Ortsende beim Knotenpunkt 53 geht es nach rechts weiter Richtung Gehlenberg und Esterwegen.

GEHLENBERGER MÜHLE Sie streifen Gehlenberg nur am Rande, wobei Sie die fotogene Gehlenberger Erdholländermühle am Mühlenberg mit nettem Rastplatz passieren. Ende des 18. Jahrhunderts nach der Gründung des Dorfes mussten die Bauern weite Wege in Kauf nehmen, um ihr Korn mahlen zu lassen. 1811 errichtete man deshalb eine einfache Kornmühle, die drei Jahrzehnte später durch eine modernere Holländerwindmühle mit einem Balken zum Ausrichten der Flügel gegen den Wind, einem sogenannten Steert, ersetzt wurde. Bis Mitte des 20. Jahrhunderts wurde diese Kornmühle betrieben.1967 zerstörte ein Blitz die Mühle, aber nach umfangreichen Instandsetzungsarbeiten erstrahlt die Mühle heute wieder in neuem Glanz.

NACH ESTERWEGEN Die Strecke führt nach der Mühle kurz an der Nebenstraße entlang und am Ortsbeginn von Neulorup rechts nach Hilkenbrook und bis zum

Tipp

OLDENBURGER-LAND-ERFAHRUNG

Über die Landesgrenze beim Nachbarn Emsland beleuchtet die Gedenkstätte Esterwegen die Geschichte der Emslandlager von 1933 bis 1945 und den Alltag der Häftlinge. Die einstigen Baracken wurden im Außenbereich mit Bäumen und Stahlelementen visualisiert, der Boden mit Lava bedeckt als Symbol für die Moorlandschaft der Esterweger Dose. Ein Stahlsteg verbindet das Lager mit dem nahe gelegenen Moor, in dem die Häftlinge Zwangsarbeit verrichten mussten. Die Gedenkstätte ist beeindruckend, die Atmosphäre beklemmend. Radeln Sie nicht einfach vorbei, sondern nehmen Sie sich Zeit für einen Besuch. Der Eintritt zur Gedenkstätte ist frei.

Friesoyther Fehnkanal

↑ Gehlenberger Erdholländermühle
↗ Strand am Erikasee
→ Gedenkstätte Esterwegen

Knotenpunkt 41. Die Radzwischentafeln leiten Sie durch das stille Dorf, entlang der Kirche und dem Dorfkrug mit Biergarten und geradeaus weiter durch Agrarland über den Knotenpunkt 15 zum ruhigen Erikasee. Beim ehemaligen Baggersee können Sie einen Badestopp einlegen, sich am Sandstrand entspannen und eine Kleinigkeit im

Tipp

GUTEN APPETIT

Auf halber Strecke befindet sich in Esterwegen das regional beliebte Restaurant Graf Balduin mit sehr schmackhaften, ausgewogenen Fleisch- und Fischgerichten. Aber auch vegetarische Gerichte und Kleinigkeiten für Zwischendurch stehen auf der Speisekarte.

Café Alaturka zu sich nehmen, das während der Badesaison geöffnet ist.

Vom See geht es geradeaus weiter bis zur Kreuzung und zum Knotenpunkt 13 am Ortsrand von Esterwegen, wo Sie nach rechts zur Gedenkstätte und zum Knotenpunkt 9 lenken. Oder Sie wählen die längere Route nach links. Diese Variante führt Sie über den Knotenpunkt 79 durch den Ortskern von Esterwegen, entlang der Kirche und dem Heimatmuseum mit zwei Dauerausstellungen zur Ortsgeschichte. Am Ortsende am Knotenpunkt 82 gelangen Sie nach rechts durch Wald ebenfalls zur Gedenkstätte.

Die Gedenkstätte inmitten stiller Natur am Rande des Naturschutzgebietes Esterweger Dose beeindruckt bereits von außen mit ihrer besonderen Landschaftsarchitektur. Sie soll an das Konzentrationslager Esterwegen erinnern und steht zudem als Symbol für

15 ehemalige Konzentrations-, Straf- und Kriegsgefangenenlager der Nationalsozialisten im Emsland. Das relativ junge Kloster nebenan bietet Besuchern in mehreren Räumen eine Möglichkeit zum Innehalten.

DURCH KULTURLANDSCHAFT RETOUR

Von der Gedenkstätte geht es zurück zum Erikasee und weiter zum Knotenpunkt 15 mitten in offener Agrarlandschaft. Hier schwenken Sie links nach Neuscharrel auf einer schönen Allee zwischen Felder. Sie erreichen das stille Dorf Neuscharrel beim Knotenpunkt 98. Rechts neben der Kirche gibt es eine Einkehrmöglichkeit. Die Route führt aber geradeaus auf Güterwegen weiter, kurz an der Nebenstraße entlang und über die Knotenpunkte 95 und 90 langsam zurück nach Friesoythe. Die letzten Kilometer verlaufen auf einem idyllischen Fuß- und Radweg bis fast ins Zentrum von Friesoythe, wo es bei der Kirche nach rechts zur Wassermühle und schließlich zum Parkplatz zurückgeht.

INFO

Mittel 49 km 129 Hm 3.00 Std.

HIGHLIGHT	GPS-DATEN	E-BIKE-LADESTATION
Sehenswürdigkeit	53.019500, 7.860556	Friesoythe: beim Familia Markt, Am Hafen 1-3

HIGHLIGHT
Sehenswürdigkeit

TOURENCHARAKTER
Rundtour auf asphaltierten Nebenstraßen, Wirtschafts- und Radwegen

AUSGANGS-/ENDPUNKT
Parkplatz bei der Wassermühle, Mühlenstraße 4-12, Friesoythe

GPS-DATEN
53.019500, 7.860556

ANFAHRT
Auto: Auf der B 72 bis Ausfahrt Löningen, Markhausen, Friesoythe (West)

KOMBINIERBAR MIT
Touren 8 und 10

E-BIKE-LADESTATION
Friesoythe: beim Familia Markt, Am Hafen 1-3

RADVERLEIH
Derzeit kein Radverleih in Friesoythe oder der näheren Umgebung

INFORMATION
www.friesoythe.de;
www.gedenkstaette-esterwegen.de

IM SOESTE- UND MARKATAL

Friesoythe – Thüle – Thülsfelder Talsperre – Dwergte – Markhausen – Ellerbrock

Diese Radrunde verspricht Erlebnisse inmitten reizvoller Natur. Die Tour begleitet die Soeste und Marka streckenweise durch idyllische Flusstäler und Naturschutzgebiete. Dazu bieten die Thülsfelder Talsperre und der Dwergter Badesee Gelegenheit, um Radfahren und Baden zu kombinieren.

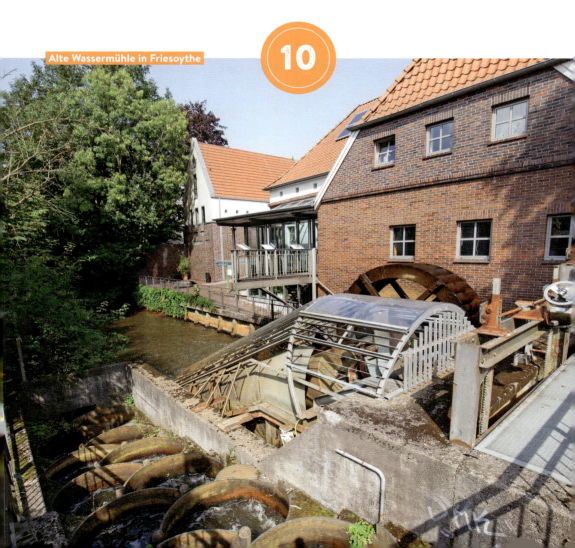

Alte Wassermühle in Friesoythe

10

↑ Schattiger Radweg an der Soeste
↗ Historische Scheune in Markhausen

DURCHS TAL DER SOESTE Die Kleinstadt Friesoythe im Erholungsgebiet Thülsfelder Talsperre hat ein angenehmes Ambiente und ist damit ein guter Startpunkt für eine Radrunde durch das Soestetal. Die Tour führt vom Knotenpunkt 88 an der alten Wassermühle im Zentrum über die Soeste mit Blick auf das Wasserrad der Mühle und folgt gleich nach links dem idyllischen Fluss durch den Stadtpark. Am Ende des Parks radeln Sie nach rechts, dann nach links stadtauswärts Richtung Talsperre. Die Radtafeln leiten Sie geradeaus auf einen Wirtschaftsweg über die Knotenpunkte 73 und 70 durch das von Agrar- und Waldlandschaft geprägte Soestetal. Unterwegs überqueren Sie erneut den Fluss und radeln kurz an der Bundesstraße entlang. Im Dorf Mittelsten Thüle führt die Tour an der Kirche und am Knotenpunkt 43 nach rechts weiter, entlang des Tier- und Freizeitparks Thüle und Sie erreichen nach wenigen Kilometern die Thülsfelder Talsperre.

DURCH NATURSCHUTZGEBIET Auf einem Fuß- und Radweg gelangen Sie hoch zum Ufer der Talsperre. Das Gewässer wirkt wie ein natürlicher See, eingebettet in eine grüne Landschaft. Der Stausee und die Uferberei-che bilden zusammen das Naturschutzgebiet Talsperre Thülsfeld. Mit Blick auf das Wasser und die Natur am anderen Ufer radeln Sie am Dammweg gen Süden zum Knotenpunkt 31. Nette Einkehrmöglichkeiten, Badestrände, Rastbänkchen und Schautafeln mit

Tipp

OLDENBURGER-LAND-ERFAHRUNG
Das charmante Hansestädtchen Friesoythe hat einen kleinen, modernen Ortskern, der sich um die neugotische Kirche Sankt Marien gruppiert. Eine Handvoll Geschäfte, Restaurants und Cafés prägen den Kern an der Nordseite der Soeste. Interessant sind das Postmuseum im ehemaligen Rathaus, die alte Wassermühle, der Stadtpark mit der Friedensglocke und das denkmalgeschützte Wohn- und Werkhaus der Malerfamilie Pancratz, ein gutes Beispiel eines Bürgerhauses mit Ladengeschäft und Werkstatt, das man während des Tages der offenen Tür besichtigen kann (www.werkhaus-pancratz.de).

↑ Am Damm der Thülsfelder Talsperre
↗ Uferlandschaft im Markatal

Informationen über das Naturschutzgebiet laden ab und an zum Anhalten ein.
An der Südseite der Talsperre verlassen Sie den See und der Radweg verläuft über den Parkplatz zum Knotenpunkt 31. Hier halten Sie sich rechts Richtung Cloppenburg über Knotenpunkt 1 in Ufernähe der Soeste. An der Gabelung nach dem Golfplatz geht es dann rechts weiter nach Dwergte durch das Soestetal, das hier mit Wald- und Moorlandschaft besticht. Die Soeste fließt hier noch durch das Naturschutzgebiet und zeigt sich von ihrer schönsten Seite. Ein herrlicher Rastplatz befindet sich direkt an der Soestebrücke.

GUTEN APPETIT

Beliebt bei Radfahrern ist das Restaurant-Café Seeblick direkt an der Thülsfelder Talsperre. Angeboten werden Kleinigkeiten wie hausgemachte Kuchen oder Suppen bis hin zu bodenständigen Fleisch- und Fischgerichten. Dazu der Blick von der Sonnenterrasse auf die Seelandschaft – traumhaft.

PAUSE IN DWERGTE Der nette Ferienort Dwergte südlich der Talsperre ist der Wendepunkt der Radtour. Das Dorf punktet mit dem Wandergebiet Dwergter Sand sowie dem Naturbadesee Dwergte. Dank glasklarem Wasser, Sandstrand, Liegen, Sonnenschirmen und einem Strandcafé kommt hier richtig Beachatmosphäre auf. An der Kreuzung im Ort radeln Sie links weiter zur Dorfmitte und zum gemütlichen Debbeler´s Hofcafé. Am Knotenpunkt 52 an der Kreuzung nach dem Hofcafé folgen Sie nach rechts dem Radwegweiser Grönheim zur Landstraße, der Sie nach rechts folgen und die Sie gleich an der ersten Straße nach rechts wieder verlassen. Auf einer schönen Allee geht es nun zur Bauerschaft Bischofsbrück und zum Knotenpunkt 92. Ein Abstecher führt hier geradeaus zu den etwa 500 Meter entfernten Teufelssteinen, einem gut erhaltenen Großsteingrab. Die Radtour geht aber am Knotenpunkt 92 rechts weiter auf einem Wirtschaftsweg nach Markhausen.

RUHIGES MARKATAL Die Strecke ab Bischofsbrück verläuft durch das reizvolle, stille Markatal, das teils Natur-, teils Landschaftsschutzgebiet ist. Im beschaulichen Markhausen angelangt, biegen Sie an der Kreuzung vor der Kirche nach links ab und folgen dabei dem Radwegweiser Gehlenberg, vorbei an der sehenswerten Gehlenborg'schen Scheune, einem alten, restaurierten Fachwerkgebäude mit nettem Rastplatz. Sie folgen hier nach rechts einem Wirtschaftsweg, überqueren die idyllische schmale Marka und radeln durch das stille Naturschutzgebiet am Ufer weiter.

Rechts vom Radweg schlängelt sich die Marka durch Wald- und Wiesenlandschaft. An der T-Kreuzung beim Knotenpunkt 40 lenken Sie nach rechts und überqueren auf dem Weg nach Ellerbrock nochmals die Marka. Am Ortseingang von Ellerbrock führt die Tour nach rechts durch ein von Landwirtschaft geprägtes Gebiet über die Knotenpunkte 67 und 73 zurück ins Soestetal und weiter nach Friesoythe.

INFO

HIGHLIGHT
Naturparadies

TOURENCHARAKTER
Rundtour auf asphaltierten Nebenstraßen, Wirtschafts- und teils ungeteerten Radwegen

AUSGANGS-/ENDPUNKT
Parkplatz bei der Wassermühle, Mühlenstraße 4-12, Friesoythe

GPS-DATEN
53.019500, 7.860556

ANFAHRT
Auto: Auf der B 72 bis Ausfahrt Löningen, Markhausen, Friesoythe (West)

KOMBINIERBAR MIT
Touren 8 und 9

E-BIKE-LADESTATION
Friesoythe: beim Familia Markt, Am Hafen 1-3
Thülsfelder Talsperre: Hotel Seeblick (www.hotel-seeblick-goeken.de)

RADVERLEIH
Friesoythe: derzeit kein Radverleih
Thülsfelder Talsperre: Hotel Seeblick (www.hotel-seeblick-goeken.de),

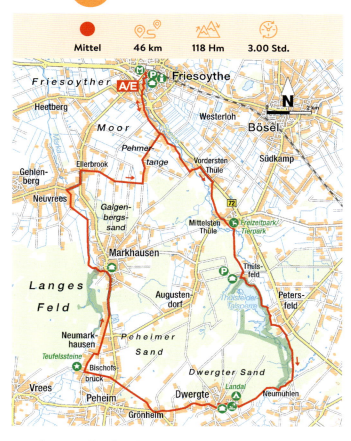

| Mittel | 46 km | 118 Hm | 3.00 Std. |

Restaurant Zum Strand (www.campingplatz-deeken.de)

INFORMATION
www.friesoythe.de;
www.thuelsfelder-talsperre.de

11

Waldspielplatz und Raststelle bei Dwergte

ERHOLUNGSGEBIET THÜLSFELDER TALSPERRE

Parkplatz Nord – Ostdamm – Resthausen – Molbergen – Dwergte – Westufer

Eine herrliche, kinderfreundliche Radtour durch das Naturschutzgebiet Thülsfelder Talsperre. Der große, teils von Wäldern, Mooren und Heidelandschaften gesäumte Stausee hat mit der Natur am Ufer, seinen reizvollen Stränden, Spielplätzen, guten Rad- und Wanderwegen für Jung und Alt viel zu bieten.

AM OSTDAMM Los geht es am Wander-parkplatz Talsperre Nord beim Knoten-punkt 61. Sie radeln von hier zum Knoten-punkt 39 am Staudamm und haben oben am Dammweg bereits eine erste, reizvolle Aussicht auf das ruhige, ausgestreckte Gewässer, das fast wie ein natürlicher See wirkt. Die Radrunde verläuft im Uhrzeigersinn um den Stausee, der vor etwa 100 Jahren angelegt wurde, um die Uferregionen der Soeste vor Überschwemmungen zu schützen. Der See steht seit 1938 unter Naturschutz. An mehreren Stellen unterwegs laden interaktive Stationen mit Schautafeln zum Anhalten ein, und sich dabei auf nette Weise über Flora, Fauna und Geschichte des Gebietes zu informieren. Am Beginn des Ostdammes passieren Sie das Hotel-Restaurant Seeblick. Von der Terrasse haben Sie einen traumhaften Ausblick über die Talsperre. Diese angenehme Einkehrmöglichkeit heben Sie sich am besten zum Abschluss der Runde auf. An der Ostseite des Sees passieren Sie unterwegs einige Badestellen mit schmalem Sandstrand und bei sommerlichem Wetter kommt hier bestimmt Urlaubsstimmung auf.

Tipp

OLDENBURGER-LAND-ERFAHRUNG
Etwa 2,5 Kilometer nördlich des Start-punktes befindet sich der Tier- und Frei-zeitpark Thüle, in dem Sie mit Kindern den ganzen Tag verbringen können. Zahlreiche Freizeitattraktionen lassen die Kinderherzen höher schlagen und garantieren Spaß und Unterhaltung. Im angeschlossenen Tierpark kommen Jung und Alt aus dem Staunen nicht mehr heraus beim Anblick von Alpakas, Kängurus, Zebras, Flamingos und noch mehr, denn der Tierpark verfügt über rund 1000 heimische und exotische Tiere aus der ganzen Welt (www.tier-freizeitpark.de).

SÜDLICH DES STAUSEES Fast an der Süd-seite der Talsperre führt die Radroute vom Wasser weg und über einen Parkplatz zum Knotenpunkt 31. Familien mit Kindern können hier ein Stopp im Abenteuerspielplatz Reservistenfort mit einem großen Angebot an Spielgeräten einlegen. Am Knotenpunkt 31

Schöner Radweg um die Thülsfelder Talsperre

Kletterparadies am Nordufer der Talsperre

verläuft die Radroute nach rechts weiter durch den Wald zum Knotenpunkt 1 und zum Golfplatz. Nach dem Golfplatz haben Sie die Möglichkeit, die Radrunde abzukürzen, indem Sie dem Radwegweiser rechts nach Dwergte folgen. Diese verkürzte Route schlängelt sich durch den Wald und überquert die Soeste. Kaum vorstellbar, dass der riesige Stausee von diesem schmalen, idyllischen Flüsschen gespeist wird. Durch Agrarlandschaft geht es dann weiter am Badesee beim Ferienpark Landal entlang nach Dwergte.

GUTEN APPETIT

Debbeler's Hofcafé mit ländlichem Ambiente und großer Terrasse ist beliebt bei Ausflüglern. Neben bodenständigen Gerichten werden auch hausgemachte Torten, Waffeln und Eis angeboten. Die Kleinen finden auf dem Hofgelände verschiedene Spielgeräte.

Die längere Tour aber geht nach dem Golfplatz geradeaus weiter und über die Bauerschaft Resthausen zum Knotenpunkt 21. Sie folgen dann nach rechts dem Radweg entlang der Nebenstraße nach Molbergen. Am Ortsrand bei der Feuerwehr weist die Ausschilderung nach links zum Molli Bär Park, einer Spieloase für Kinder jeden Alters. Im Zentrum von Molbergen bei der Kirche führt die Route zurück Richtung Talsperre. Sie folgen dabei dem Radwegweiser nach Dwergte.

STOPP IN DWERGTE Im Ferienort Dwergte stoßen Sie auf Knotenpunkt 52 und folgen der Ausschilderung nach rechts zur Talsperre. Dabei passieren Sie Debbeler's Hofcafé zum Einkehren. Das nächste Ziel ist der Waldlehr- und Erlebnispfad an der Strecke zur Talsperre. Neben einer drei Kilometer langen, reizvollen Wanderroute durch den Dwergter Sand, ein Landschaftsschutzgebiet aus bewaldeten Dünen, finden Sie hier auch einen schönen Spiel- und Rastplatz vor. Der Waldspielplatz ist ein wahres Paradies für die Kleinen. Mit einer leichten Steigung erreichen Sie schließlich Knotenpunkt 33 an der Talsperre, die hier von Wald, stillen Moor- und Heideflächen gesäumt wird.

AM WESTUFER ZURÜCK
Am Knotenpunkt 33 radeln Sie nach links auf einem befestigten Weg in einem Bogen zum Dammweg am Westufer. Einen halben Kilometer rechts vom Radweg in der Heide lädt ein Schafstall zu einem Abstecher ein. Mit etwas Glück lassen sich Heideschafe und Ziegen bei der Pflege der Heide beobachten. Die letzten Kilometer verlaufen auf dem Dammweg am Waldrand. Auf dieser Seite des Sees ist das Ufer von Bäumen gesäumt, und der freie Blick aufs Wasser öffnet sich erst wieder am Ende des Dammes nahe des Nordufers. Hier wartet noch der Kletterwald für jede Menge Spaß, Action und Abenteuer. Und wer genügend Zeit eingeplant und noch Lust hat, der radelt vielleicht noch weiter zum bekannten Tier-und Freizeitpark Thüle.

INFO

HIGHLIGHT
Naturparadies

TOURENCHARAKTER
Rundtour auf asphaltierten Nebenstraßen, Wirtschafts- und Radwegen; kleinere Abschnitte ungeteert

AUSGANGS-/ENDPUNKT
Parkplatz Thülsfelder Talsperre Nord, Am Stausee 22, Friesoythe

GPS-DATEN
52.938250, 7.924556

ANFAHRT
Auto: Auf der B 72 bis Ausfahrt Thülsfelder Talsperre Nord/Kletterwald

KOMBINIERBAR MIT
Route 10 und 12

E-BIKE-LADESTATION
Thülsfelder Talsperre: Hotel Seeblick (www.hotel-seeblick-goeken.de) Molbergen: Einkaufszentrum Alter Schützenplatz und bei den Radvermietern

RADVERLEIH
Thülsfelder Talsperre: Hotel Seeblick (www.hotel-seeblick-goeken.de), Restaurant Zum Strand (www.campingplatz-deeken.de) Molbergen: Ferienpark Landal Dwergter Sand (www.landal.de) und Radservice Niemann & Söhne (www.niemann-soehne.de)

INFORMATION
www.thuelsfelder-talsperre.de

Leicht | 23 km | 111 Hm | 1.30 Std.

CLOPPENBURGER HIGHLIGHTS

Thülsfelder Talsperre – Ambühren – Bethen – Cloppenburg – Molbergen

Auf dieser erlebnisreichen Radrunde vom Erholungsgebiet Thülsfelder Talsperre über den Wallfahrtsort Bethen in die charmante Kreisstadt Cloppenburg kommen Naturliebhaber wie auch Kulturinteressierte auf ihre Kosten. Zeit sollten Sie mitbringen, denn es gibt viel zu sehen.

Wallfahrtskirche von Bethen

12

THÜLSFELDER TALSPERRE Vom Parkplatz Nord bei der Thülsfelder Talsperre geht es Richtung Stausee und über den Knotenpunkt 61 hoch auf die Staumauer zum Knotenpunkt 39. Die Strecke verläuft hier auf dem Fuß- und Radweg am Ostdamm immer mit freiem Blick auf das Wasser. Der Dammweg wird von Einkehrmöglichkeiten, mehreren Schautafeln mit Information über die Talsperre und einladenden Liegewiesen und Badestellen gesäumt.

Beim Knotenpunkt 31 am Parkplatz hinter dem Campingplatz Waldesruh geht es nach rechts weiter zum Knotenpunkt 1. Kurz danach verlassen Sie die Talsperre auf dem Weg zum Knotenpunkt 22 und weiter in die Bauerschaft Resthausen. Die Route verläuft durch Waldstücke und in Ufernähe der Soeste. Sie schwenken in Resthausen nach rechts und folgen dem Wegweiser Dicker Stein. Am Knotenpunkt 21 geht es geradeaus über die Nebenstraße und auf Wirtschaftswegen weiter in die Bauerschaft Ambühren. Unterwegs haben Sie die Möglichkeit für einen kurzen Abstecher zum Dicken Stein, einem Riesenfindling in grüner Umgebung. Der Stein steckte ursprünglich ganz in der Erde, wurde aber von den Bewohnern ausgegraben und als Denkmal aufgestellt.

WALLFAHRTSORT BETHEN An der Ortsausfahrt von Ambühren halten Sie sich links an die Wegweiser Resthausen und Cloppenburg. Sie radeln dann an der nächsten Kreuzung geradeaus weiter Richtung Bethen, einem kleinen Wallfahrtsort vor den Toren Cloppenburgs. Die Route überquert die Autobahn, stößt auf Knotenpunkt 18 und führt Sie geradeaus weiter in den stillen Wallfahrtsort. Im Ortszentrum beim Knotenpunkt 16 erhebt sich die Wallfahrtskirche, eine Basilika, die nach dem Ersten Weltkrieg im neobarocken Stil errichtet und 1929 geweiht wurde. Sie ist der Mutter der

Natur an der Talsperre

Sieben Schmerzen gewidmet. Neben der Basilika befindet sich die Gnadenkapelle mit dem verehrten Bild der Muttergottes. Hinter der Kapelle steht die kleine neugotische

---

Tipp

OLDENBURGER-LAND-ERFAHRUNG

Für das Cloppenburger Museumsdorf sollten Sie viel Zeit mitbringen. Auf dem rund 20 Hektar großen Gelände stehen etwa 50 Gebäude aus dem 16. bis zum 20. Jahrhundert. Alle Bauwerke stammen aus Niedersachsen und wurden hierher transportiert. In einigen Häusern und Scheunen gibt es Dauerausstellungen zur Geschichte des Museums, zur Kultur und zum bäuerlichen Alltag der Region. Zudem gibt es regelmäßig Veranstaltungen (www.museumsdorf.de).

Antoniuskapelle von 1868 mit sechseckigem Grundriss und Kreuzrippengewölbe.

WEITER NACH CLOPPENBURG Von der Wallfahrtskirche geht die Tour weiter auf dem Radweg entlang der Straße bzw. auf dem Gehsteig zum weitläufig angelegten, interessanten Cloppenburger Museumsdorf. Der Haupteingang befindet sich links, nur wenige Meter von der Radroute entfernt. Wer keinen Museumsbesuch plant, folgt den Radzwischentafeln geradeaus weiter ins Zentrum und zum Knotenpunkt 59. Die Route durchquert dabei den hübschen Stadtpark mit den Fundamenten des einstigen Burgturmes und zwei denkmalgeschützten Gebäuden: dem Amtshaus und dem Amtsgericht. An der Soeste entlang geht es zur Stadtmitte, wo Sie an der Stadthalle nach links in die Einkaufstraße mit netten Einkehrmöglichkeiten einbiegen. Am Ende der

Straße, am Knotenpunkt 20, radeln Sie geradeaus Richtung Molbergen über Knotenpunkt 53.

VIA MOLBERGEN UND DWERGTE RETOUR Sie verlassen Cloppenburg schließlich auf einer Fahrradstraße, unterqueren die Bundesstraße und erreichen geradeaus Vahren auf einer Allee durch eine ländliche Gegend. Im Dorf, noch vor dem Knotenpunkt 46, schwenken Sie rechts nach Molbergen, wo sich der Knotenpunkt 55 befindet. Die Strecke führt durch ein Waldstück und gelangt dann an einen Kreisverkehr, wo Sie am besten die Radzwischentafel ignorieren und rechts auf dem Radweg nach Molbergen radeln. Im Ortszentrum nahe der Kirche folgen Sie den Radtafeln rechts weiter nach Dwergte, das Sie durch eine abwechslungsreiche Landschaft erreichen. Im beschaulichen Ferienort Dwergte an der Kreuzung beim Knotenpunkt 52 halten Sie sich rechts. Sie radeln dann entlang der Einkehrmöglichkeit Debbeler`s Hofcafé Richtung Friesoythe und Knotenpunkt 36. Der Radweg verläuft nun westlich der Thülsfelder Talsperre durch den waldreichen Peheimer Sand nach Augustendorf. Ab hier geht es über Knotenpunkt 2 rechts durch den Wald des Barenberger Sandes zurück Richtung Stausee und zum Ausgangspunkt.

Tipp

GUTEN APPETIT

Die Auswahl an Restaurants im Zentrum von Cloppenburg ist groß und es ist für fast jeden Geschmack und Geldbeutel etwas darunter, von griechischen Spezialitäten über chinesische Gerichte bis hin zum orientalischen Kebab und italienischen Eiscafé.

INFO

HIGHLIGHT
Sehenswürdigkeit

TOURENCHARAKTER
Rundtour auf asphaltierten Nebenstraßen, Wirtschafts- und Radwegen

AUSGANGS-/ENDPUNKT
Parkplatz Thülsfelder Talsperre Nord, Am Stausee 22, Friesoythe

GPS-DATEN
52.938250, 7.924556

ANFAHRT
Auto: Auf der B 72 bis Ausfahrt Thülsfelder Talsperre Nord / Kletterwald

KOMBINIERBAR MIT
Touren 10 und 11

E-BIKE-LADESTATION
Thülsfelder Talsperre: Hotel Seeblick (www.hotel-seeblick-goeken.de)
Cloppenburg: Radstation am Kreishaus und beim Familia Markt
Molbergen: Einkaufszentrum Alter Schützenplatz und bei den Radvermietern

RADVERLEIH
Thülsfelder Talsperre: Hotel Seeblick (www.hotel-seeblick-goeken.de), Restaurant Zum Strand

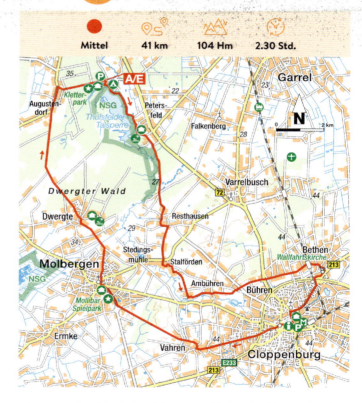

| Mittel | 41 km | 104 Hm | 2.30 Std. |

(www.campingplatz-deeken.de) Cloppenburg: Bertis Bikes (www.bertis-bikes.de) Molbergen: Ferienpark Landal Dwergter Sand (www.landal.de)

und Radservice Niemann & Söhne (www.niemann-soehne.de)

INFORMATION
www.thuelsfelder-talsperre.de; www.cloppenburg.de

Mühlenteich der Stüvenmühle

13

GENUSSVOLLE RUNDE

Visbek – Engelmannsbäke – Thölstedt – Rechterfeld – Varnhorn

Diese Radtour bietet nicht nur schöne und abwechslungsreiche Landschaften, sondern auch einige kulinarische Zwischenstopps. Eine Schlemmerroute in der Umgebung von Visbek vorbei an historischen Mühlen und Bauernhöfen, durch beschauliche Dörfer und das bezaubernde Visbeker Auetal.

AN ALTEN MÜHLEN ENTLANG Sie beginnen in Visbek beim Fußballplatz und folgen ab hier den Radzwischentafeln Richtung Zentrum. Am Café Bremer Tor, das in einem bemerkenswerten Fachwerkhaus untergebracht ist, schwenken Sie nach rechts zum Knotenpunkt 8 hinter der Kirche. Ab hier radeln Sie geradeaus am Dorfteich vorbei und über die Knotenpunkte 2 und 12 nach Engelmannsbäke. Die Strecke schlängelt sich durch Agrar- und Waldlandschaft und entlang alter Wassermühlen mit malerischen Mühlenteichen. Hintereinander passieren Sie die Stüvenmühle, die Neumühle und die Kokenmühle. Die Stüvenmühle wurde 1501 als Wasser- und Windmühle erbaut, brannte aber Mitte der 1930er-Jahre ab und wurde danach als reine Wassermühle wieder aufgebaut. Die jüngere Neumühle präsentiert sich im Fachwerkstil und die Kokenmühle wurde zunächst als Getreidemühle errichtet und Mitte des 19. Jahrhunderts zusätzlich auf eine Sägemühle erweitert. Die Stüven- und die Neumühle sind in Privatbesitz und nur vom Radweg aus zu bewundern. Die Koken-

Tipp

OLDENBURGER-LAND-ERFAHRUNG
In der näheren Umgebung von Visbek befinden sich einige archäologische Fundorte, wie das Großsteingrab Visbeker Braut nahe der A1, die Visbeker Nekropole im Viertel Uhlenkamp oder die mittelalterliche Siedlung mit Grundrissen von 59 Gebäuden in Stüvenmühle. Einen guten Ein- und Überblick dieser Fundorte und den zutage geförderten Fundstücken gibt das ArchäoVisbek, das 2018 eröffnet wurde. Höhepunkt der Ausstellung ist ein in den Boden eingelassenes Pferdegrab. Die Ausstellung befindet sich etwa 200 Meter südlich des Cafés Bremer Tor. Öffnungszeiten beachten!

mühle kann nach Absprache und gegen eine Gebühr besichtigt werden. Schließlich erreichen Sie im Wald Knotenpunkt 69 und es geht nach links zum Landgasthof Engelmannsbäke für einen ersten kulinarischen Zwischenstopp.

Malerisches Auetal

 Visbeker Braut
↗ **Stopp in der Bullmühle**
→ **Varnhorner Fachwerkensemble**

OASE DER RUHE Das Visbeker Auetal ist eine Oase der Ruhe. Märchenhafter Wald und romantische Bäkenlandschaft bestimmen das Bild dieses einzigartigen Gebietes, das seinem naturnahen Charakter erhalten hat. Die Radtour durchquert das schattige Tal auf einem Fuß- und Radweg zu den Knoten-

---

Tipp

GUTEN APPETIT

An guten Einkehrmöglichkeiten dazu in schöner Lage fehlt es um Visbek nicht: Landgasthof Engelmannsbäke im waldreichen Auetal, Gaststätte Bramlage in der idyllischen Bauerschaft Varnhorn, Restaurant Holzenkamp mit Fischzucht und Café-Restaurant Bullmühle nahezu am Ende der Tour – allesamt lohnenswert!

---

punkten 1 und 88. Hier radeln Sie weiter Richtung Wildeshausen über die Knotenpunkte 95 und 24 und Sie überqueren dabei mehrmals die Aue. Unterwegs bietet sich ein Abstecher zur Visbeker Braut an, einem Großsteingrab, das mit einer Länge von etwa 80 Meter beeindruckt und frei zugänglich ist. Sie verlassen das Visbeker Auetal beim Knotenpunkt 24 geradeaus zur Bauerschaft Thölstedt. Unterwegs ist am Wegrand ein weiteres Großsteingrab zu besichtigen. Die Grabkammer mit Decksteinen ist zum Teil noch im Erdhügel verborgen.

FACHWERK UND BAUERSCHAFTEN Thölstedt ist eine stille Bauerschaft, geprägt von hübschen Fachwerkhöfen. Sie durchqueren das Dorf geradeaus und folgen den Radzwischentafeln nach Rechterfeld auf einem asphaltierten Wirtschaftsweg durch offenes Agrarland über die Knotenpunkte 75 und 83.

Rechterfeld begrüßt Sie mit Fachwerkhäusern und dem Dorfteich. Sie radeln im Dorf nach rechts an der Kirche entlang und folgen der Ausschilderung gleich wieder nach rechts über die Knotenpunkte 7 und 3 zum nächsten Ziel: Varnhorn. Die Radstrecke dorthin führt fast ausschließlich auf Wirtschaftswegen durch von Landwirtschaft geprägtes Gebiet. Die reizvolle Bauerschaft Varnhorn wirkt mit ihren Gassen, alten Baumbeständen, Höfen und Häusern im typischen Fachwerkstil fast wie ein Freilichtmuseum. Im Ort ist auch wieder ein kulinarischer Zwischenstopp in der Gaststätte Bramlage möglich.

ZURÜCK NACH VISBEK Sie halten sich in Varnhorn Richtung Knotenpunkt 8 nach Siedenbögen. Hier ist das Restaurant Holzenkamp mit Fischzucht und eigener Räucherei ein Begriff. Lieber nur eine Kleinigkeit? Im Hofladen sind Fischbrötchen und frisch geräucherte Forellen erhältlich.

Die letzte Etappe verläuft von der Fischzucht nicht entlang der stark befahrenen Landstraße zurück nach Visbek, sondern auf dem ruhigen Wirtschaftsweg über die Bullmühle. Mitten im Naturgebiet lädt das Ausflugslokal Café-Restaurant Bullmühle zum Abschluss auf Kaffee und Kuchen mit Blick auf den Wald und Mühlenteich ein. Nach der Kaffeepause erreichen Sie am Mühlenteich entlang und über den Bach Twillbäke in wenigen Radminuten wieder Visbek. Hier geht es am Café Bremer Tor links auf den gleichen Weg zum Ausgangspunkt zurück.

INFO

HIGHLIGHT
Sehenswürdigkeit

TOURENCHARAKTER
Rundtour auf asphaltierten Nebenstraßen und Wirtschaftswegen und ungeteerten Rad- und Forstwegen

AUSGANGS-/ENDPUNKT
Parkplatz am Fußballplatz, Schützenstraße 3, Visbek

GPS-DATEN
52.841861, 8.320861

ANFAHRT
Auto: Auf der A1 bis Ausfahrt 63 Cloppenburg, Emstek, Visbek

KOMBINIERBAR MIT
Tour 6

E-BIKE-LADESTATION
Visbek: beim Edeka-Markt, Rechterfelder Straße 28; ; Pastors Wisk, Visbeker Park, Vitusstraße

Leicht   32 km   165 Hm   2.30 Std.

RADVERLEIH
Wildeshausen: Verkehrsverein Wildeshausen e.V., Markt 1
Visbek: derzeit kein Radverleih

INFORMATION
www.visbek.de

VON BURG ZU BURG

Dinklage – Brockdorf – Lohne – Ehrendorf – Kroge – Lohne

Diese Radrunde verbindet die Burg Dinklage mit der Burg Hopen in Lohne. Beide Wasserburgen sind geschichtlich miteinander verknüpft und eingebettet in schöne Naturschutzgebiete. Weitere Kulturgüter erwarten Sie auf dieser Tour durch die vielseitige Landschaft um Dinklage.

14

Benediktinerabtei Burg Dinklage

AUSGANGSPUNKT DINKLAGE Die Radroute startet in Dinklage am Parkplatz beim Burghotel, in dem bei Ausflüglern beliebten Burgwald. Sie folgen der reizvollen Burgallee und bald zeigt sich die idyllisch zwischen alten Bäumen gelegene, mittelalterliche Wasserburg. Die Anlage heben Sie sich am besten bis zum Schluss auf. Noch vor der Dinkel und der Burganlage biegen Sie nach rechts auf den Prozessionsweg zum Knotenpunkt 94 in der Stadtmitte ein. Das kompakte Zentrum von Dinklage durchqueren Sie bis zum Knotenpunkt 26. Ab hier erreichen Sie nach links die Schweger Mühle und Knotenpunkt 30. Die wunderschöne Holländermühle am Ortsrand ist denkmalgeschützt und wird heute noch zum Mahlen von Getreide genutzt. Wer Glück hat, kann im alten Backhaus nebenan frisch gebackenes Brot und selbst gemachten Kuchen kaufen. Wenige Meter nach der Mühle passieren Sie den Bussjans Hof, einen schönen Fachwerkhof mit rustikalem Café. Hier biegen Sie nach rechts auf die Allee ein, die zurück Richtung Burg Dinklage durch den Burgwald führt. An der Rückseite der Burg stoßen Sie auf Knotenpunkt 41 und verlassen nach rechts Dinklage Richtung Lohne über die Knotenpunkte 43 und 83.

ZUM BURGWALD IN LOHNE Auf der anderen Seite der Autobahn erreichen Sie Brockdorf. Das stille Dorf durchqueren Sie an der Kirche entlang. Sie radeln weiter nach Lohne durch Agrarland und entlang eines Gänsehofes. Auf einem schönen Radweg geht es nach Lohne hinein, zunächst durch den ausgedehnten Burgwald mit altem Baumbestand, lieblichen Bächen und Teichen. Am Knotenpunkt 77 erblicken Sie zwischen den Bäumen die Wasserburg Hopen im Fachwerkstil und mit umgebendem Graben. Die Burg ist Privatbesitz und nur von außen zu besichtigen. Die Radroute führt nach rechts

Schlosspark Burg Hopen

Tipp

OLDENBURGER-LAND-ERFAHRUNG
Die Wasserburg Dinklage, auch bekannt als Dietrichsburg, ist ein beliebtes Ausflugsziel, und wer sich der Anlage durch den Burgwald nähert, der wird von der besonderen Atmosphäre ergriffen. Das historische Ensemble aus dem 15. Jahrhundert versteckt sich zwischen knorrigen, alten Bäumen. Aus der einstigen Ritterburg wurde ein Kloster der Benediktiner, aber Besucher sind herzlich willkommen bei Führungen, im Klosterladen und im einzigartigen Klostercafé zu Kaffee mit hausgemachtem Kuchen.

 Schweger Mühle
↗ Im Zentrum von Lohne
→ Rustikales Café Bussjans Hof

weiter durch den Forst auf einer Fahrradstraße Richtung Knotenpunkt 73. Das Stadtzentrum von Lohne lassen Sie vorerst links
liegen.

ABWECHSLUNGSREICHE LANDSCHAFT

Den Radzwischentafeln folgend, gelangen
Sie auf Wirtschafts- und Waldwegen vorbei

Tipp

GUTEN APPETIT

Schön gelegen im Burgwald von Lohne
und etwa auf halben Weg der Radtour
ist das kleine Café Olgemöllers mit ländlichem Ambiente eine gemütliche Adresse: Hier lohnt entweder eine Kaffeepause mit leckeren Kuchen oder einfach
nur ein erfrischendes Eis.

am Golfclub zur Landstraße, der Sie nach
rechts folgen. Unterwegs passieren Sie die
Gnadenkapelle Sankt-Anna-Klus mit Gna-
denquelle, beide bis heute Ziel von Pilgern.
Dem frei erhältlichen Quellwasser werden
heilsame Kräfte nachgesagt. Nach der Kapelle folgen Sie nach links dem Radweg an
der Nebenstraße, den Sie nach wenigen Metern schon wieder nach rechts zum Knotenpunkt 73 verlassen.
Auf der nächsten Strecke geht es gen Süden
im leichten Auf und Ab durch Ausläufer der
Dammer Berge, geprägt von Wald und Feldern. Rastplätze am Wegrand laden zum
Stopp ein, und um die Weitblicke auf die
Dammer Berge zu genießen. Nachdem Sie
die Steigungen überwunden haben, geht es
Richtung Lohne durch die stillen Vororte
Ehrendorf und Kroge über die Knotenpunkt
58 und 67 zurück. Die Strecke führt auf ebe-
nem Gelände an einem alten Moorgebiet

vorbei. Jahrzehntelange wurde und wird hier Torf abgebaut und einige Torfwerke am Wegrand sind noch in Betrieb. Ein Abstecher führt auf einem Sandweg zur Aussichtsplattform mit Panoramablick auf das ausgedehnte Moorgebiet.

DEN BAHNTRASSENRADWEG ZURÜCK

Am Knotenpunkt 67 angelangt lenken Sie nach links und radeln geradeaus nach Lohne hinein Richtung Knotenpunkt 9. Die Radtafeln leiten Sie durchs Stadtzentrum an Gastronomiebetrieben in der Einkaufsstraße und einigen Sehenswürdigkeiten entlang: dem historischen Rathaus, dem auffallenden Haus Upmoor und dem Industriemuseum. Nach dem Museum gelangen Sie zum Bahnhof und zum Knotenpunkt 9. Sie radeln ab hier links-rechts und verlassen die Stadt schließlich auf dem schattigen Bahntrassenradweg nach Dinklage zurück. Im Klostercafé der Burg Dinklage können Sie dann den Radtag in besonderem Ambiente abschließen.

INFO

| Leicht | 38 km | 93 Hm | 2.30 Std. |

HIGHLIGHT
Sehenswürdigkeit

TOURENCHARAKTER
Rundtour auf asphaltierten Nebenstraßen, Wirtschafts- und Radwegen sowie Forstwegen

AUSGANGS-/ENDPUNKT
Parkplatz bei der Burg Dinklage, Burgallee 1, Dinklage

GPS-DATEN
52.660028, 8.137889

ANFAHRT
Auto: Auf der Autobahn A1 bis Ausfahrt Lohne, Dinklage

KOMBINIERBAR MIT
Route 15 ab Holdorf oder Steinfeld (jeweils ca. 11 km)

E-BIKE-LADESTATION
Dinklage: Hofcafé Bussjans, Schweger Straße 17; beim Klostercafé, Burg Dinklage; am Marktplatz nahe Fahrrad Kamphaus Lohne: am Marktplatz

RADVERLEIH
Dinklage: AS Fahrradcenter (www.asfahrradcenter.de)

INFORMATION
www.dinklage.de;
www.abteiburgdinklage.eu;
www.lohne.de

15

DAMMER SCHWEIZ

Damme – Holdorf – Steinfeld – Dalinghausen

Die Dammer Berge gehören zu den schönsten Landschaften des Oldenburger Münsterlandes. Die sagenumwobene Dammer Schweiz im Herzen des Hügellandes ist das Ziel dieser mittelschweren Radrunde, die mit einem Badestopp am Holdorfer Heidesee mit Sandstrand verbunden ist.

AUF ALTER BAHNTRASSE Der Streifzug durch die Dammer Berge beginnt im Städtchen Damme am Langzeitparkplatz nahe der Bahntrasse und dem Stadtmuseum, das im alten Bahnhofsgebäude untergebracht ist. Westlich des Parkplatzes, etwa einen Steinwurf entfernt, beginnt die Bahntrasse. Die fast kerzengerade Strecke verläuft leicht ansteigend gen Norden auf dem von Bäumen und Sträuchern gesäumten, ehemaligen Bahndamm. Unterwegs werden Sie vom schmalen Mühlenbach begleitet und Sie passieren das Naturschutzgebiet Dammer Bergsee. Der See ist in den 1950er- und 1960er-Jahren als Klärteich des Erzabbaus bei Damme entstanden. Bei Holdorf wurde ein Rastplatz mit Landschaftsfenster errichtet, wo man einen schönen Blick auf einen idyllischen Kalksandsteinsee hat. Fast am Ende der Bahntrasse geht es nach links geradeaus über die Landstraße Richtung Heidesee.

HOLDORFER HEIDESEE Nach wenigen Pedaltritten stoßen Sie auf den Knotenpunkt 27. Hier schwenken Sie nach rechts und folgen den Radzwischentafeln am Rande von

Tipp

OLDENBURGER-LAND-ERFAHRUNG

Die dunklen Wälder der Dammer Schweiz sind voller Sagen und Legenden, wie jene von den Hexen, die sich zur Walpurgisnacht im Hexenbusch bei Nienhausen nahe des Schweizer Hauses versammelten. Oder die schaurige Geschichte der drei Räuber und ihrem Hauptmann, die in einer Höhle nahe dem Mordkuhlenberg lebten. Sie raubten Reisende aus und hielten ein Mädchen aus Damme jahrelang gefangen. Auf dem Weg zum Aussichtsturm säumen Texttafeln den Weg mit Auszügen aus dieser schaurigen Geschichte über die Räuber von Mordkuhlenberg.

Holdorf über den Knotenpunkt 45, bis Sie auf den blau schimmernden Heidesee stoßen. Der etwa zehn Hektar große, ehemalige Baggersee entstand in den 1960er-Jahren während der Sandgewinnung für den Bau der A 1. Nach Abschluss der Bauarbeiten wurde der See von der Gemeinde

↓ Ins Zentrum von Damme
↘ Dammer Bahntrasse

Holdorf zu einem attraktiven Freizeitzentrum mit Sandstrand, schattigen Liegewiesen, kleinem Kiosk sowie je einem Bereich für Nichtschwimmer und Schwimmer ausgebaut. Der See ist ein ausgezeichneter Rastpunkt auf der Route. Vom Heidesee radeln Sie auf der gleichen Strecke zum Knotenpunkt 45 zurück. Ab hier führt die Route nun geradeaus weiter zum Knotenpunkt 16 im Zentrum von Holdorf, wo sich am Kirchplatz eine imposante Backsteinkirche erhebt.

WEITER NACH STEINFELD Von der Ortsmitte in Holdorf geht es weiter über den Knotenpunkt 10 und dann etwa einen halben Kilometer an der Bundesstraße entlang bis zum nächsten Radwegweiser. Sie schwenken hier nach rechts, radeln am Waldrand entlang und ignorieren kurze Zeit später die Radzwischentafel geradeaus. Stattdessen biegen Sie nach links auf den asphaltierten Wirtschaftsweg ein. Sie fahren danach zwischen Getreidefelder geradewegs auf einen großen Bauernhof zu. An der zweiten Kreuzung biegen Sie nach rechts ab.

Sie erreichen so Knotenpunkt 24 und radeln dann weiter Richtung Knotenpunkt 70. Nach den Bahngleisen folgen Sie nach links den Radzwischentafeln, die Sie ins Zentrum von Steinfeld leiten. Bei der Kirche wurde Knotenpunkt 70 errichtet, wo sich in der Nähe am Rathausplatz die Schankwirtschaft Obermeyer für eine eventuelle Pause befindet. Ab der Ortsmitte geht es nach rechts Richtung Damme zurück.

DURCH DIE DAMMER SCHWEIZ Sie verlassen Steinfeld am Ziegeleiteich entlang. Die Route steigt jetzt ordentlich an. Im Auf und Ab über Knotenpunkt 35 und durch den Wald radelnd, gelangen Sie zum Berghotel und zum Knotenpunkt 38. Ab hier halten Sie sich rechts in Richtung Knotenpunkt 6. Auf einem Waldweg können Sie das Rad zur Landstraße hinunterrollen lassen, der Sie nach links durch den Wald bis zum Schweizerhaus in Fachwerkstil und Knotenpunkt 6 folgen.
Beim Schweizerhaus überqueren Sie die Straße. Sie radeln über den Parkplatz in den Wald hinein Richtung Knotenpunkt 14.

Schon bald treffen Sie auf den Abzweig zum Aussichtsturm auf den Mordkuhlenberg, der sich rund 200 Meter vom Radweg entfernt befindet. Von dem rund 20 Meter hohen Turm hat man eine fantastische Rundumsicht über die Baumwipfel und auf den Naturpark Dümmer.

Auf dem angenehmen, breiten Radweg mit hartem Untergrund geht es durch den Wald hinunter zum Knotenpunkt 14 in Dalinghausen. Beim Verlassen des Waldes öffnet sich ein schöner Weitblick auf die leicht gewellte Region und den Dümmer See in der Ferne. Von Dalinghausen radeln Sie an einer

Tipp

GUTEN APPETIT

Hotel-Restaurant Zur Post in der Ortsmitte von Holdorf bietet in moderner Atmosphäre wochentags schmackhafte und wechselnde Mittagsgerichte an. Am Wochenende überrascht es mit traditionellen Gerichten mit einem modernen Twist der Speisekarte.

Gabelung rechts nach Damme zurück, wo Sie über den Knotenpunkt 8 im Ortszentrum zum Ausgangspunkt zurückgelangen.

INFO

HIGHLIGHT
Sehenswürdigkeit

TOURENCHARAKTER
Rundtour auf asphaltierten Nebenstraßen, Rad- und Wirtschaftswegen

AUSGANGS-/ENDPUNKT
Langzeitparkplatz Im Hofe, Damme

GPS-DATEN
52.522056, 8.191222

ANFAHRT
Auto: Auf der A1 bis Ausfahrt 67 Neuenkirchen und dann über Vörden nach Damme

KOMBINIERBAR MIT
Touren 16 und Route 17 ab Olgahafen (ca. 9 km)

E-BIKE-LADESTATION
Damme: bei der Touristeninformation

RADVERLEIH
Damme: Fahrradhaus Goda, Mühlenstraße 21

INFORMATION
www.damme.de/kultur-freizeit

| Mittel | 35 km | 336 Hm | 3.00 Std. |

DAMMER BERGE

Damme – Sierhausen – Astrup – Neuenkirchen – Handorf

Die Hügellandschaft des Naturparks Dümmer ist untypisch für das sonst meist flache Oldenburger Münsterland. Mit dieser Radrunde machen Sie einen Streifzug durch den Westen des Naturparks um die Dammer Berge, geprägt von Wald, Agrarland und Fachwerk am Wegrand. Die letzten Kilometer dieser sportlichen Tour verlaufen dann gemütlich auf einer alten Bahntrasse.

16

Bauerschaft Astrup

Abwechslungsreiche Radlandschaft

DAMMER ZENTRUM Startpunkt dieser Tour ist der Knotenpunkt 8 nahe der Touristeninformation und der katholischen Pfarrkirche Sankt Viktor, dem Wahrzeichen der Stadt. Ab hier folgen Sie den Radwegweisern Richtung Knotenpunkt 33 und Neuenkirchen. Am Knotenpunkt 33 biegen Sie nach links ab und radeln über Sierhausen durch ehemaliges Moorgebiet zum Knotenpunkt 12 beim Flugplatz Damme. Links, etwas abseits der Route, liegen die Sierhäuser Schanzen, Überreste von Erdwällen dreier Befestigungen vermutlich aus der Römerzeit, die man allerdings nur mit viel Fantasie zum Leben erwecken kann.

Sie schwenken beim Flugplatz nach rechts auf eine verkehrsarme Nebenstraße Richtung Neuenkirchen. Die Route schlängelt sich durch landwirtschaftliches Gebiet mit alten Alleen über Rottinghausen mit Knotenpunkt 19, Greven und zum Knotenpunkt 2. Hinter Greven steigt die Strecke in den Ausläufern der Dammer Berge leicht an. Nach der Überquerung der Bundesstraße verlaufen die nächsten Kilometer mit leichten Steigungen und herrlichen Weitblicken nach Astrup, ei-

ner idyllischen Bauerschaft mit schönen Fachwerkhöfen und -scheunen. Hier treffen Sie auf den Knotenpunkt 2 und folgen der Straße geradeaus zum Knotenpunkt 3 mit freier Sicht auf das südlich gelegene Vörden.

Tipp

OLDENBURGER-LAND-ERFAHRUNG

Der rund 1200 Quadratkilometer große Naturpark Dümmer nördlich von Osnabrück besticht durch bewaldete Höhenzüge, Hoch- und Niedermoore und den Dümmer See, das Herzstück des Naturparks. Der See ist eine Freizeitregion par excellence und seine Moorniederung am Westufer ist der Brutplatz für zahlreiche Wasservögel. Nördlich des Sees erstreckt sich die Diepholzer Moorniederung, einer der drei großen Rastplätze des Kranichs. Jeden Herbst machen hier bis zu 100 000 Kraniche Rast auf ihrem Weg in den Süden (www.naturpark-duemmer.de).

 Neuenkirchner Windmühle
↗ Info- und Aussichtspunkt am Kalksteinsee
→ Dammer Ortskern

NEUENKIRCHEN Nach der Überquerung der Autobahn lädt ein netter, in einem Obstgarten angelegter Bienenlehrpfad mit informativen Schautafeln ein, einmal vom Rad abzusteigen. Sehenswert ist hier auch die Selingsmühle, eine alte, schön renovierte Galerieholländermühle. Anschließend radeln Sie direkt auf die Kirchtürme von Neuenkirchen zu. Neben der Kirche am Kreisverkehr treffen

Tipp

GUTEN APPETIT

Restaurant Kruse Zum Hollotal in ruhiger Lage am Rande der Dammer Berge, direkt an der Radroute gelegen bietet täglich wechselnde Mittagstische mit unter anderem klassischen Gerichten, aber auch Fisch und Vegetarisches an.

Sie auf den Knotenpunkt 1. Sie fahren hier geradeaus weiter, folgen kurz den Radwegweisern Richtung Knotenpunkt 22 und biegen dann nach rechts auf den Radweg der Dammer Straße Richtung Damme ein. Die Strecke führt durch die Bauerschaft Grapperhausen und steigt ordentlich an. Beim Rastplatz gegenüber der Kneipe Schützenhof können Sie aufatmen und nach rechts den Radtafeln Richtung Damme folgen, vorbei an Einkehrmöglichkeit Hotel-Restaurant Kruse.
Die Route verläuft nun durch Wald und Wiesen in leichtem Auf und Ab. Vor der Autobahn halten Sie sich nach links. Sie folgen dem Wegweiser Richtung Holdorf und den Knotenpunkten 20 und 92 auf schönen Alleen und vorbei an einigen romantischen Fachwerkhöfen. Nach der Unterquerung der Autobahn erreichen Sie den Knotenpunkt 40, wo Sie sich nach links Richtung Grandorf fahren und später zum Knotenpunkt 39 ab-

biegen. Alternativ können Sie am Knotenpunkt 40 geradeaus zum Knotenpunkt 83 weiterradeln. Dies ist aber eine herausfordernde Strecke quer durch die Dammer Berge bis zu einer Nebenstraße, der Sie dann links nach Handorf-Fürth und zum Knotenpunkt 39 folgen. Dort treffen beide Routen zusammen.

HISTORISCHE BAHNTRASSE Vom Knotenpunkt 39 folgen Sie dem Radwegweiser nach Langenberg und zum Knotenpunkt 42. Gleich nach der Ampelkreuzung stoßen Sie auf die alte Bahntrasse, der Sie zurück nach Damme folgen. Die herrliche, fast kerzengerade Strecke fällt leicht gen Süden ab und wird von Bäumen und Sträuchern gesäumt. Unterwegs werden Sie vom Mühlenbach begleitet und Sie passieren kurz vor Damme das waldreiche Naturschutzgebiet Dammer Bergsee. Wer mehr über die historische Bahntrasse erfahren möchte, der radelt am Knotenpunkt 4 einfach geradeaus weiter. Am Ende der Trasse befindet sich im alten Bahnhofsgebäude das Stadtmuseum mit verschiedenen Ausstellungen zur Geschichte der Bahn und der Region. Ansonsten fahren Sie am Knotenpunkt 4 nach links zurück ins Zentrum von Damme und zum Knotenpunkt 8 ab.

INFO

HIGHLIGHT
Naturparadies

TOURENCHARAKTER
Rundtour auf asphaltierten Nebenstraßen, Rad- und Wirtschaftswegen

AUSGANGS-/ENDPUNKT
Langzeitparkplatz Im Hofe, Damme

GPS-DATEN
52.522056, 8.191222

ANFAHRT
Auto: Auf der A1 bis Ausfahrt 67 Neuenkirchen und dann über Vörden nach Damme

KOMBINIERBAR MIT
Touren 15 und 17 ab Olgahafen (ca. 9 km)

E-BIKE-LADESTATION
Damme: bei der Touristeninformation

RADVERLEIH
Damme: Fahrradhaus Goda, Mühlenstraße 21

INFORMATION
www.damme.de/kultur-freizeit

Mittel 32 km 245 Hm 2.30 Std.

Raduferweg Dümmer See

17

UM DEN DÜMMER SEE

Olgahafen – Lembruch – Hüde – Westufer

Die Natur am Dümmer See macht den Reiz dieser gemütlichen Radroute aus. Im Süden und im Westen darf sich die Natur ungestört ausbreiten. Das Ostufer wird von kleinen Ferienorten mit Uferpromenaden, Sandstränden, Freizeithäfen und Sportmöglichkeiten bestimmt. Für eine Pause unterwegs gibt es am Ostufer Gastronomie für jeden Geschmack und jeden Geldbeutel.

DÜMMER SEE Der Dümmer See ist nach dem Steinhuder Meer bei Hannover der zweitgrößte Binnensee im Nordwesten der Republik und ein ausgezeichnetes Revier für Wassersport. Er ist mit den angrenzenden Feuchtwiesen aber auch ein wichtiger Ort für Wasser- und Watvögel, die vor allem die Dümmer Niederung an der Südwestseite als Brutplatz nutzen. Unterwegs gibt es denn auch mehrere Türme und Aussichtsplattformen, um die Natur zu genießen.
Die Rundtour um den Dümmer See ist ein absoluter Klassiker und wegen der landschaftlichen Vielfalt, der Topografie und der Beschaffenheit der Radwege sehr beliebt und familienfreundlich. Vor allem am Wochenende sind die Radwege ziemlich stark frequentiert, weshalb an Samstagen, Sonn- und Feiertagen einige Uferabschnitte im Bereich der Ferienorte am Ostufer für Radfahrer gesperrt sind. Umleitungen sind vorhanden und bestens ausgeschildert.

AM WEST- UND NORDUFER Im Olgahafen in Dümmerlohausen an der Nordwestseite des Sees beginnt diese Radrunde um den See. Die Fischbuden und -restaurants nahe des Freizeithafens sind beliebte, kulinarische Ausflugsziele. Nach einer eventuellen Stärkung umrunden Sie den See im Uhrzeigersinn und folgen dazu am Freizeithafen links dem Deichweg. Die Route verläuft nun mehr oder weniger direkt am Seeufer entlang. Dieser idyllische und aussichtsreiche Abschnitt am Nordwest- und Nordufer bietet viel Natur. Der Radweg führt Sie zu einer kleinen Schleuse über die Hunte, die hier den See verlässt. Danach lädt ein hölzerner Aussichtsturm zum Anhalten ein, um die Aussicht auf die Dümmer Region zu genießen. Am Nordostufer versteckt sich ein kleiner Segelhafen und die ersten, bunten Wochenendhäuser formen eine malerische Kulisse.

Tipp

OLDENBURGER-LAND-ERFAHRUNG
Nur einen Steinwurf von der Uferpromenade bzw. vom Radweg entfernt liegt in Lembruch das Dümmer Museum. Anhand von Schmuck, Gefäßen und Geräten von archäologischen Fundstellen dokumentiert es die Besiedlung in der Jungsteinzeit und das Mittelalter bis in die frühe Neuzeit, als man begann, gegen das wiederkehrende Hochwasser des Sees anzukämpfen. Regelmäßige Sonderausstellungen, Vorträge und eine Forschungsstation, die einen Blick in die Unterwasserwelt ermöglicht, runden das Angebot ab. Zusätzliche Informationen gibt es in der Naturschutzstation am Südufer des Sees.

Geschütztes Ochsenmoor

↑ Rastplatz am Seeufer
↗ Hunteschleuse
→ Am Nordwestufer

FERIENREGION OSTUFER Die touristisch am häufigsten frequentierten Ortschaften am See sind zweifelsohne Lembruch und Hüde am Ostufer. In den beiden Ferienorten kommt mit der guten Infrastruktur so richtig Urlaubsstimmung auf. Eine gepflegte Uferpromenade, gemütliche Ein-

Tipp

GUTEN APPETIT

Klassische Fischbrötchen, geräucherte Aale und Forellen sind die kulinarischen Highlights von Schomakers Fischbude und der Aal- und Forellenräucherei Hoffmann, beide nahe dem Parkplatz am Olgahafen. Schon der Duft verlockt zum Probieren der geräucherten Spezialitäten.

kehrmöglichkeiten mit Seeterrassen, Wassersportmöglichkeiten und Sandstrände bieten Urlaubsstimmung pur. Hier kann man eventuell eine Pause einlegen und das Treiben am Wasser von einem Strandstuhl aus beobachten. In jedem Fall einen Stopp an der Route verdient das Dümmer Museum in Lembruch.

Die Radroute führt immer am Ufer entlang mit freier Seesicht und Fernsichten auf die Berge des Naturparks Dümmer, zu dem auch der See zählt. Nach dem beschaulichen Hüde leitet ein rund 1,5 Kilometer langer Abstecher durch eine Allee mit dem Stemweder Berg als Kulisse zur Naturschutzstation. Die frei zugängliche Station informiert mit einer Ausstellung, dem Naturerlebnispfad und einem hübschen Garten über Tiere und Pflanze der Dümmer Region. Ein Aussichtsturm rundet das Angebot ab.

NATURSCHUTZGEBIETE Der Uferweg an der Südseite des Sees ist Wanderern vorbehalten. Die Radwegweiser leiten Sie deshalb auf eine Nebenstraße. Sie machen dabei einen Bogen um den Schilfgürtel am Südufer, das an das Naturschutzgebiet Ochsenmoor grenzt. Es ist eine offene Landschaft aus Weiden, Feucht- und Nasswiesen. Die zahlreichen Wiesen-, Wat- und Wasservögel, die hier einen optimalen Lebensraum vorfinden, sind gut zu beobachten. Ein Fernglas kann

dabei sehr von Nutzen sein. Robuste Diepholzer Moorschnucken kommen gut mit der Feuchtigkeit zurecht und kümmern sich unermüdlich um die Landschaftspflege im Naturschutzgebiet. Wieder begegnen Sie der Hunte, die vom Süden her in den See fließt. Über die Huntebrücke gelangen Sie ans Westufer, wo sich das Naturschutzgebiet Westliche Dümmerniederung erstreckt. Die Natur der Niederung begleitet Sie schließlich bis zum Olgahafen zurück.

INFO

HIGHLIGHT
Naturparadies

TOURENCHARAKTER
Rundtour auf asphaltierten, gepflasterten und mit Kies befestigten Radwegen

AUSGANGS-/ENDPUNKT
Parkplatz am Olgahafen, Dümmer Straße 41, Damme

GPS-DATEN
52.528889, 8.310556

ANFAHRT
Auto: Auf der A1 bis Ausfahrt 67 Neuenkirchen und dann über Vörden und Damme zum Dümmer See oder B 51 und über Lembruch und das Nordufer zum Olgahafen

KOMBINIERBAR MIT
Touren 15 und 16, beide ab Damme (ca. 9 km)

E-BIKE-LADESTATION
Lembruch: Hafenanlage Schlick, Hotel Strandlust und Café Tortenschmiede
Hüde: Café Landlust, Dümmergolf und Dorfhaus Hüde

RADVERLEIH
Lembruch: Marissa Ferienpark, Schodden Hof 3; Radverleih Holy, Große Straße 17;

Bright Side Tours, Rönnekers Weg 2

INFORMATION
www.duemmer.de/duemmer-see

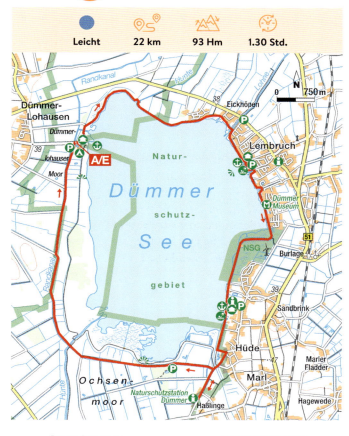

| Leicht | 22 km | 93 Hm | 1.30 Std. |

Eine Augenweide: historischer Artland-Bauernhof in Badbergen

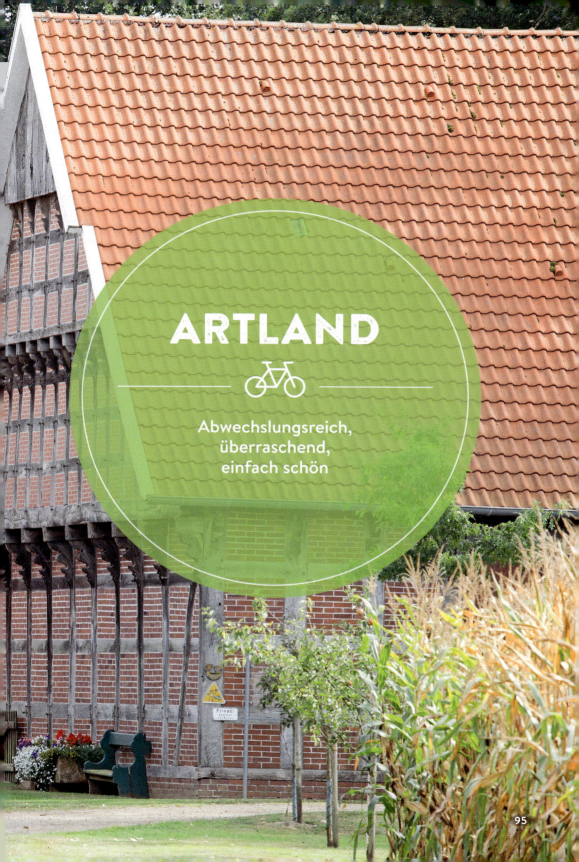

ARTLAND

Abwechslungsreich,
überraschend,
einfach schön

Quakenbrücker Stadttor

18

DURCHS HASETAL

Quakenbrück – Groß Mimmelage – Menslage – Löningen – Farwick

Zu den attraktivsten Radregionen im Oldenburger Münsterland gehört bestimmt das Hasetal zwischen Quakenbrück und Löningen. Natur, Kulturland und gemütlich radeln stehen im Vordergrund dieser Radtour, die zunächst entlang der Kleinen Hase bis Löningen und dann an der Großen Hase wieder retour führt.

START IN QUAKENBRÜCK Die Hase ist ein Nebenfluss der Ems, die sich vom Teutoburger Wald gemächlich durch die Landschaft des Osnabrücker Landes und des Oldenburger Münsterlandes schlängelt und bei Meppen im Emsland in die Ems mündet. Auf guten Radwegen am Ufer oder im Uferbereich der Kleinen und der Großen Hase entdecken Sie reizvolle Landschaften und hübsche Orte. Das charmante Städtchen Quakenbrück an der Kleinen Hase zählt zu den hübschesten Orten im Hasetal und ist der Ausgangspunkt dieser gemütlichen, wenn auch etwas längeren Radtour. Vom Marktplatz radeln Sie mit dem historischen Rathaus im Rücken geradeaus Richtung Nortrup und Vehs und folgen den Radzwischentafeln zur Landstraße. Hier radeln Sie nach rechts durch eine Industriezone. Sie verlassen Quakenbrück am Kreisverkehr nach links und folgen dabei dem Radwegweiser Vehs. Sie überqueren die Gleise und halten sich nun an den Radwegweiser nach Groß Mimmelage, dem ersten Ziel. Auf einem asphaltierten Güterweg geht es durch eine abwechslungsreiche Kulturlandschaft bis zur Nebenstraße, der Sie nach rechts folgen.

Tipp

OSNABRÜCKER-LAND-ERFAHRUNG
Für Quakenbrück sollten Sie sich etwas Zeit nehmen. Auf dem Rückweg radeln Sie durch die Lange Straße. Nach dem gotischen Stadttor Hohe Pforte aus 1485 kommen Sie in den kleinen, historischen Kern mit wunderschönen Fachwerkhäusern beiderseits der Straße und dem Finanzamt. Die auffallende Figur des »Armen Steuerbürgers« vor dem Amt mit leeren Hosentaschen spricht für sich. Am Marktplatz treffen Sie dann auf das historische Rathaus, das schräg gegenüber befindliche Stadtmuseum und rechts zweigt die Große Kirchstraße ab, die wohl schönste Straße der Stadt.

IM TAL DER KLEINEN HASE An der Ortseinfahrt von Groß Mimmelage lenken Sie nach rechts Richtung Menslage und durchqueren das Dorf am Rande. Nach Groß Mimmelage kommen Sie langsam in Ufernähe der Kleinen Hase. Es folgt ein schöner Abschnitt auf einem Wirtschaftsweg begleitet von einem

Am rechten Ufer der Großen Hase

↑ **Kleine Hase bei Menslage**
↗ **Menslager Ortskern**
→ **Quakenbrücker Marktplatz**

Bächlein und vorbei an schönen Fachwerkhöfen. Am Ortsbeginn von Menslage überqueren Sie die Kleine Hase mit freiem Blick
auf den in ein künstliches Bett gezwängten
Fluss. In Menslage sollten Sie unbedingt einen Stopp im Kirchwinkel einlegen. Wie der
Name bereits andeutet, erstreckt sich das
Viertel um die Dorfkirche, die von historischen, schön restaurierten und weiß getünch-
ten Fachwerkhäusern umstanden wird. Ein
Café mit kleiner Terrasse lädt zur Pause in
diesem malerischen Winkel ein.
Die Radroute führt am Kirchwinkel entlang
und außerhalb von Menslage radeln Sie
nach links durch Agrarland nach Winkum
und zum Knotenpunkt 16. Sie kommen in
Hahlen noch einmal kurz in die Nähe der
Kleinen Hase. In Winkum am Knotenpunkt
16 verlassen Sie die Nebenstraße nach rechts
auf einem Wirtschaftsweg nach Röpke. Am
Ende des Weges treffen Sie auf Knotenpunkt
76, wo Sie nach links abbiegen und immer
geradeaus durch ein stilles, von Landwirt-

schaft geprägtes Gebiet Löningen erreichen.
Die Radtafeln leiten Sie am Ortsrand von
Löningen zur Großen Hase, die Sie überqueren. Sie radeln geradeaus weiter und biegen
dann nach links in die Langenstraße zum
Ortszentrum mit netten Einkehrmöglichkeiten ab.

AN DER GROSSEN HASE Der Erholungsort
Löningen ist der Wendepunkt der Tour.
Nach einer Zwischenpause im Zentrum radeln Sie an der Kirche vorbei zum Hase-
Uferweg. Sie folgen nun mehr oder weniger
der Großen Hase bis fast nach Quakenbrück.
Mit dem Fluss im Blick folgen Sie dem Hase-
Deichweg am Nordufer, eine herrliche Strecke. Schafe unterhalten unermüdlich das be-
grünte Ufer. Nachdem Sie die Große Hase
überquert haben, geht es am Knotenpunkt 20
gleich nach links durch die Bauerschaft
Schelmkappe und auf einer alten Allee weiter. An der Kreuzung nehmen Sie den Wirtschaftsweg nach links Richtung Essen und

Bunnen. Sie überqueren erneut die Große Hase, stoßen auf eine Gabelung mit dem Knotenpunkt 27 und radeln nach rechts am Waldrand der Bauerschaft Neuenbunnen weiter. Immer in Flussnähe radelnd, erreichen Sie über Knotenpunkt 24 Farwick. Am schönen Rastplatz in der stillen Bauerschaft halten Sie sich rechts Richtung Knotenpunkt 39 und dabei überqueren Sie die Große Hase zum letzten Mal. Durch eine Allee an Wiesen und Pferdekoppeln entlang fahren Sie fast immer geradeaus zurück Richtung Quakenbrück. Sie halten sich, an der Bundesstraße angelangt, rechts, folgen den Radtafeln bis zum Kreisverkehr, radeln hier

Tipp

GUTEN APPETIT

Im Zentrum von Quakenbrück gibt es einige gute Restaurants für fast jeden Geschmack. Lust auf Pizza? Dann sollten Sie das Restaurant Little Italy neben dem Stadtmuseum probieren. Schon das Ambiente und die Philosophie des Restaurants lohnen.

geradeaus weiter (Radtafel nach rechts ignorieren!) und kommen so zur Langen Straße, der Sie nach rechts zum Marktplatz folgen.

INFO

| Mittel | 51 km | 37 Hm | 3.30 Std. |

HIGHLIGHT
Naturparadies

TOURENCHARAKTER
Rundtour auf asphaltierten Nebenstraßen, Wirtschafts- und Radwegen; kleinere Abschnitte ungeteert

AUSGANGS-/ENDPUNKT
Historisches Rathaus, Marktplatz 1, Quakenbrück

GPS-DATEN
52.676139, 7.956750

ANFAHRT
Auto: Auf der B 68 bis Ausfahrt Dinklage-Artland Arena
Bahn: Mit der Regionalbahn (RB) und dem Regional-Express (RE) ab/ bis Osnabrück und Bremen

KOMBINIERBAR MIT
Tour 19

E-BIKE-LADESTATION
Quakenbrück: beim Rathaus, Markt 1
Menslage: beim Heimathaus, Im Kirchwinkel 2
Löningen: bei der

Touristeninformation, Lange Straße 38

RADVERLEIH
Quakenbrück: Hase-Ems-

Radservice (www.hase-ems-rad-service.de)

INFORMATION
www.artland.de

ARTLANDS SCHÖNSTE SEITE

Quakenbrück – Wohld – Badbergen – Gehrde – Bersenbrück – Devern

Fachwerkhöfe, einer schöner als der andere, intakte Dorfkerne und hübsche Kleinstädte erwarten Sie auf dieser abwechslungsreichen Radrunde durch das Artland, zunächst entlang der Hase bis Bersenbrück. Stille Bauerschaften, Wälder und Wiesen prägen die Radlandschaft auf dem Rückweg.

Ehemaliges Kloster Bersenbrück

19

AN DER HASE Vom Marktplatz in Quakenbrück radeln Sie links an der Kirche entlang Richtung Wohld und Dinklage. Auf einer Fahrradstraße erreichen Sie die idyllische Deichhase, die Sie überqueren und dann nach rechts auf einem Fuß- und Radweg fahren. Eine traumhafte Strecke durch Wald und Auen mit Rastplatz beim Bootsanleger liegt nun vor Ihnen. Den Radzwischentafeln folgend, gelangen Sie kurz nach dem Rastplatz an eine ruhige Nebenstraße, wo es nach links durch die Bauerschaft Wohld Richtung Badbergen geht.

Herrliche Auenlandschaft

Die Tour verläuft später auf einem Wirtschaftsweg durch eine abwechslungsreiche Landschaft, vorbei an wunderschönen Artland-Bauernhöfen nach Badbergen. Sie durchqueren Badbergen am Ostrand, überqueren dabei die Landstraße und folgen nun den Radtafeln nach Gehrde auf einem Güterweg in der Nähe der Hase. An der Landstraße angekommen geht es nach links über die Hase und eine schöne Raststation am Haseufer mit Informationstafeln über die Auen lädt zu einer ersten Pause ein. Die Route windet sich danach auf Wirtschaftswegen durch die Bauerschaft Rüsfort mit hübschen Hofanlagen nach Gehrde.

HISTORISCHE ORTSCHAFTEN Gehrde ist klein, aber fein mit seinem schönen Kern aus Fachwerkhäusern um die Kirche und typischen Bauernhöfen am Ortsrand. Von Gehrde folgen Sie den Radwegweisern zum nächsten sehenswerten Ort: Bersenbrück. Am Ortsrand überqueren Sie die Hase und es geht gleich nach links auf den Uferradweg vorbei an der Stadtmühle zum Stift, wo es nach rechts über die Hase ins Zentrum von Bersenbrück geht. In dem einstigen Zisterzienserkloster aus dem 13. Jahrhundert sind heute das Amtsgericht und ein Museum mit einer Dauerausstellung über die Geschichte der Klosteranlage und der Region untergebracht.

Durch die schmucke Klosterpforte von 1700 kommen Sie ins Herz der Kleinstadt: dem Marktplatz mit dem Rathaus. Das Eiscafé Am Markt eignet sich gut für eine Pause, bevor Sie zurückradeln, denn Bersenbrück ist der Wendepunkt der Route. Am Rathaus entlang und durch die Einkaufsstraße geht es weiter in

Tipp

OSNABRÜCKER-LAND-ERFAHRUNG

Der fruchtbare Boden im heutigen Artland verhalf den Bauern zu ansehnlichem Wohlstand, der sich heute in prachtvollen Fachwerkhöfen widerspiegelt. Verzierte Giebelbalken mit Hausinschrift, ausgemauertem Gefache in der Holzkonstruktion und Verschindelung am Frontgiebel sind nur einige architektonische Merkmale des Haupthauses, das als Wohn- und Nutzgebäude zugleich diente, oft umgeben von Stall, Getreidespeicher, Remise und Backhaus. Heute sind rund 100 Hofanlagen vollständig oder teilweise erhalten. Am letzten Wochenende im September kann man beim Tag der offenen Tür in so manchen Hof einen Blick werfen.

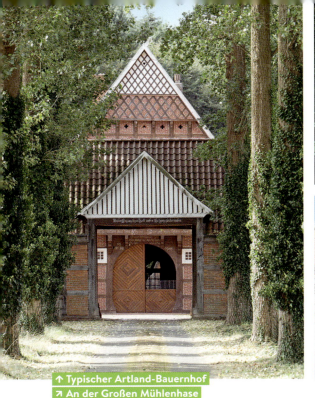

 Typischer Artland-Bauernhof
↗ An der Großen Mühlenhase
→ Quakenbrücker Altstadt

Richtung Bahnhof. Sie halten Sich dabei zunächst Richtung Nortrup und nach den Gleisen rechts Richtung Badbergen über Talge.

STILLES AGRARLAND Sie verlassen Bersenbrück durch ein kleines Industriegebiet und überqueren die Bundesstraße auf einer Brücke geradeaus nach Lohbeck. Sie durchqueren

Tipp

GUTEN APPETIT

Bäuerlich-artländische Jahreszeitenküche mit regionalen und saisonalen Köstlichkeiten – so umschreibt das Restaurant im Hof Elting-Bußmeyer seine mit viel Liebe zubereiteten Gerichte. Und natürlich gibt es auch hausgemachte Torten und Kuchen. Einfach nur lecker!

diese Bauerschaft, lenken dann in den Feldern nach rechts und biegen vor den Gleisen nach links ab. Auf schattigen Wirtschaftswegen durch stille Agrarlandschaft radeln Sie zurück Richtung Badbergen, oft parallel zu den Gleisen. Schöne, charakteristische Artland-Fachwerkhöfe springen unterwegs immer wieder ins Auge. Kurz vor der Bauerschaft Devern schwenken Sie nach links zwischen Getreidespeichern hindurch und den Radwegweisern Nortrup folgend. Auf einem schmalen Betonpfad radeln Sie dann nach rechts zum Hof Elting-Bußmeyer. Das renommierte Restaurant befindet sich in einem der schönsten Fachwerkhöfe der Region. Hier sollten Sie vorbeischauen und eventuell auch einkehren.

ZURÜCK NACH QUAKENBRÜCK Vom Hof Elting-Bußmeyer gelangen Sie an eine Nebenstraße, der Sie nach rechts bis zur T-Kreuzung folgen. Hier schwenken Sie links nach Vehs. In der Bauerschaft ist eine Reihe sehenswerter, alter Fachwerkhöfe erhalten. Die Radzwischentafeln führen Sie auf einem kurvigen Wirtschaftsweg quer durch die Bauerschaft, von einem wunderschönen Fachwerkhof zum nächsten. Wieder an der Nebenstraße angelangt, halten Sie sich rechts nach Quaken-

brück. Die Nebenstraße verlassen Sie schon bald wieder nach links auf einen Wirtschaftsweg. Nochmals geht es durch eine schöne, abwechslungsreiche Landschaft. Die Radtafeln leiten Sie schließlich ins Zentrum von Quakenbrück, dessen mächtiger Kirchturm bereits von Weitem sichtbar ist.

INFO

HIGHLIGHT
Stadtspaziergang

TOURENCHARAKTER
Rundtour auf asphaltierten Nebenstraßen,
Wirtschafts- und Radwegen

AUSGANGS-/ENDPUNKT
Historisches Rathaus,
Marktplatz 1, Quakenbrück

GPS-DATEN
52.676139, 7.956750

ANFAHRT
Auto: Auf der B 68
bis Ausfahrt Dinklage-Artland Arena
Bahn: Mit der Regionalbahn (RB)
und dem Regional-Express (RE)
ab/bis Osnabrück und Bremen

KOMBINIERBAR MIT
Tour 18

E-BIKE-LADESTATION
Quakenbrück: beim Rathaus, Markt 1
Badbergen: beim Gemeindebüro, Am Markt 3
Bersenbrück: beim Rathaus

RADVERLEIH
Quakenbrück: Hase-Ems-Radservice
(www.hase-ems-rad-service.de)

INFORMATION
www.artland.de

Mittel · 47 km · 77 Hm · 3.00 Std.

Blick auf Schloss Fürstenau

20

WALDGEBIET MAIBURG

Ankum – Sussum – Berge – Bippen – Fürstenau – Schwagstorf

Auf dieser Tour erwartet Sie ein abwechslungsreiches Angebot an Natur und Kultur. Die schöne Ankumer Hügellandschaft mit dem Waldgebiet Maiburg, alten Fachwerkhäusern und dem Schloss Fürstenau machen diese Radrunde reizvoll. Die Mischung aus hügeligen und flachen Wegen garantiert Radlergenuss.

IM AUF UND AB Die Route startet im Ankumer Ortszentrum am öffentlichen Parkplatz beim Einkaufszentrum. Sie radeln ab hier auf den Dom zu und folgen der Radtafel nach links durch das Ortszentrum. Am Kreisverkehr angelangt, geht es geradeaus weiter auf dem separaten Radweg entlang der Landstraße Richtung Eggermühlen. Nach wenigen Minuten weist der Radwegweiser Sie nach links auf einen Wirtschaftsweg Richtung Bippen/Fürstenau. Die nächste Etappe ist ein wahrer Genuss und verläuft durch die Ankumer Hügellandschaft und am Rande des Waldgebietes Maiburg, einem Teil des Natur- und UNESCO-Geoparks TERRA.vita. Entlang alter Bauernhöfe und restaurierten Fachwerkhäusern führt die Tour im leichten Auf und Ab durch das stille Naturgebiet und an der historischen Wassermühle Wöstenesch vorbei.

Den Radtafeln Richtung Bippen folgend, durchqueren Sie die Bauerschaft Sussum und erreichen die nächste Sehenswürdigkeit an der Radroute: das Sussumer Steinplateau. Die hier unter Bäumen liegenden Findlinge stammen aus der Region. Gleichzeitig wurde eine Tafel mit Informationen aufgestellt und ein schöner Rastplatz mit Tisch und Bänken geschaffen, wo Sie den Weitblick genießen können.

WEITERE SEHENSWÜRDIGKEITEN In der Bauerschaft Döten folgen Sie nach links kurz dem Radweg an der Landstraße bis zur Bushaltestelle. Hier führt die Radroute Sie nach rechts auf einen Wirtschaftsweg weiter über Restrup nach Berge. Unterwegs empfiehlt sich ein kurzer Abstecher zu den Großsteingräbern Hekese, wo Sie ebenfalls einen netten Rastplatz mit Infotafel vorfinden. Die Abzweigung zu den Gräbern ist ausgeschildert. Zwischen den Bäumen ist eine beeindruckend lange Steinreihe sichtbar, die hier zwei nahezu vollständig erhaltene Großsteingräber verbindet, was auf eine sehr frühe Besiedelung hinweist.

Das Großsteingrab in Hekese ist gut ausgeschildert.

OSNABRÜCKER-LAND-ERFAHRUNG

Großsteingräber sind die Hinterlassenschaften der sogenannten Megalithkultur, die vor etwa 5000 Jahren in der Jungsteinzeit den Nordwesten Deutschlands besiedelten. Die Kultur hinterließ unter anderem im Artland einige Großsteingräber. Die gigantischen Grabanlagen zeugen von einer außergewöhnlichen Leistung der Steinzeitmenschen, die ohne technische Hilfe riesige Steine bewegten und zu Grabanlagen formten. Schautafeln bei den Monumenten geben mit Text und teilweise mit Zeichnungen einen guten Einblick. Es lohnt sich, einen Stopp bei einem Grab einzulegen, schon wegen der mystischen Atmosphäre, die über den tonnenschweren Steinen liegt.

Nach der Abzweigung zu den Gräbern geht es kurze Zeit später nach links an schön restaurierten Fachwerkhäusern und Bauernhöfen entlang und die Route verläuft mal auf einem Wirtschaftsweg, mal auf einem Radweg entlang der Landstraße nach Berge. Im schmucken Ort sind noch viele Häuser und Höfe im regionalen Fachwerkstil erhalten, wie das schwarz-weiße Heimathaus direkt an der Radroute. An der T-Kreuzung beim Heimathaus geht es nach links weiter und nach der Dorfkirche nochmals nach links zum Osterberg.

VIELFÄLTIGE LANDSCHAFT Die reizvolle Strecke von Berge nach Bippen und weiter nach Fürstenau führt Sie quer durch den Natur- und UNESCO-Geopark TERRA.vita mit einer vielfältigen Landschaft. Zunächst

↓ **Schutzhütte der Bauerschaft Kellinghausen**
→ **Fürstenauer Altstadt**
↘ **Beliebter Radlertreff in Fürstenau**

Am schmucken Heimathaus Berge führt die Route direkt vorbei.

geht es durch sanft gewelltes Agrarland mit Waldstücken und schönen Ausblicken über den Naturpark. In Bippen angekommen halten Sie sich an den Radwegweiser Fürstenau/Dalum. Dabei radeln Sie an der Rückseite der historischen Kirche und einem kleinen Park entlang. Das Dorf zeigt sich um die Kirche von seiner schönsten Seite. Hier befindet sich auch das schmucke Heimathaus im Fachwerkstil, das zu verschiedenen Veranstaltungen genutzt wird.

Von Bippen nach Fürstenau folgen Sie zunächst der Landstraße. Nach wenigen Kilometern biegen Sie nach rechts auf einen asphaltierten Wirtschaftsweg ein und halten sich dabei an den Radwegweiser Lonnerbecke. In diesem Abschnitt der Tour geht es durch eine stille Waldlandschaft, vorbei an historischen Wassermühlen am Sültebach wie die gut erhaltene Ölmühle »Sülte Mühle«. Nach Lonnerbecke leiten Sie die Radwegweiser an einer Gabelung schließlich links nach Fürstenau.

Tipp

GUTEN APPETIT

Zum Einkehren bietet sich das Restaurant Torhaus im Schloss Fürstenau an. Hier genießen Sie auf der angenehmen Terrasse die historische Kulisse bei Kaffee mit Apfelkuchen, aber auch frische Salate, Schnitzel und Burger befinden sich auf der Menükarte.

Bippener Dorfkirche

FÜRSTENAU ERKUNDEN In Fürstenau folgen Sie den Radtafeln zur Ortsmitte. An der rechten Seite, etwas versteckt hinter einer Häuserzeile, erstreckt sich das beeindruckende Wasserschloss, das Wahrzeichen von Fürstenau. Es lohnt sich, einen kurzen Abstecher zum Schloss zu machen, das Mitte des 14. Jahrhunderts zunächst als schlichte Burg zur Sicherung der Grenzen des Bistums Osnabrück auf einer künstlich angelegten Insel erbaut wurde. Im 16. Jahrhundert wurde die Anlage auf das heutige Ausmaß vergrößert. Auffallendste Bauwerke in der quadratischen Anlage sind die runde Nordostbastion, ein Unikum im Osnabrücker Land, und der Burgturm mit barocker Haube, die im 17. Jahrhundert dem Turm aufgesetzt wurde. Im Südflügel der Anlage befindet sich die frei zugängliche Pfarrkirche Sankt Katharina. Der Nord- und Westflügel beherbergt seit den 1970er-Jahren die Verwaltungsbüros der Samtgemeinde Fürstenau. Mit dem Schloss im Rücken radeln Sie geradeaus auf der Großen Straße durch den alten Ortskern direkt auf das Hohe Tor zu, ein historisches Stadttor, in dem einst das Gefängnis untergebracht war. Unterwegs zum Tor passieren Sie den Marktplatz mit dem alten Rathaus, in dem sich die Touristeninformation befindet.

ÜBER DIE ANKUMER HÖHE Schon bald nach dem Hohen Tor verlassen Sie Fürstenau an der Landstraße entlang und folgen den Radzwischentafeln zum Freibad Fürstenau. Danach geht es an romantischen Bauernhöfen und je nach Saison an blühenden Raps- oder Getreidefeldern entlang und durch schattenreiche Waldstücke über die Bauerschaft Kellinghausen nach Schwagstorf. Die Strecke auf meist flachen Wegen ist leicht zu bewältigen. Sie durchqueren Schwagstorf bis

zur Bundesstraße, der Sie nach links auf dem Radweg Richtung Merzen bis nach Plaggenschale folgen. Hier weist der Radwegweiser Ankum Sie nach links auf eine Nebenstraße und es folgt ein leichter Anstieg durchs Ankumer Hügelland. Nach der Bauerschaft Westerode stoßen Sie auf die Landstraße und zum Schluss können Sie das Rad einfach nach Ankum hinunterrollen lassen, wo Sie bereits aus der Ferne von der Silhouette der Stadt mit dem hohen Turm des Artländer Doms begrüßt werden.

Frühling in Maiburg

INFO

HIGHLIGHT
Naturparadies

TOURENCHARAKTER
Rundtour auf asphaltierten Nebenstraßen, Wirtschafts- und Radwegen; zwischen Fürstenau und Schwagstorf einige Kilometer unasphaltiert

AUSGANGS-/ENDPUNKT
Parkplatz beim Einkaufszentrum, Lindenstraße 2, Ankum

GPS-DATEN
52.541722, 7.867667

ANFAHRT
Auto: Auf der B 214, die direkt am Parkplatz vorbei führt

KOMBINIERBAR MIT
Touren 21 und 22

E-BIKE-LADESTATION
Ankum: beim Sport- und Seehotel (Uferseite)
Bippen: TERRA.bike Ladestation am Draisinenbahnhof
Fürstenau: Schloss Fürstenau

RADVERLEIH
Ankum: Hasetal-Touristik, Bersenbrücker Straße 6, Bahnhofsgelände

Schwer | 50 km | 405 Hm | 4.00 Std.

INFORMATION
www.mein-ankum.de;

www.fuerstenau.de/tourismus-freizeit.htm

DURCHS ANKUMER HÜGELLAND

Ankum – Bersenbrück – Alfhausen – Merzen

Diese teils schwere Runde führt auf guten Wirtschaftswegen über Bersenbrück zum Alfsee und weiter nach Alfhausen. Ab hier steuern Sie das waldreiche Ankumer Hügelland an und die Radroute gewinnt deutlich an Höhe. Über Merzen geht dann diese naturnahe Tour im Auf und Ab wieder zurück.

Auf Wirtschaftswegen nach Bersenbrück

21

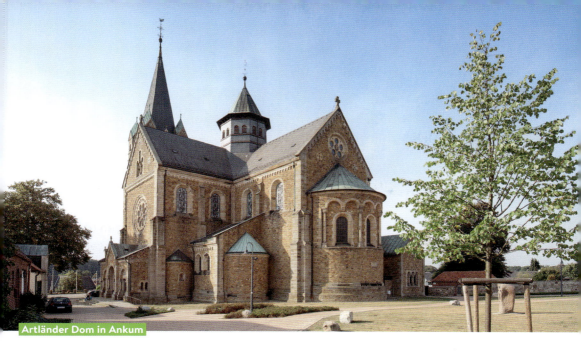
Artländer Dom in Ankum

AUSSICHTSREICHE WIRTSCHAFTSWEGE

Ausgangspunkt ist das beschauliche Ankum, das nicht nur mit dem imposanten, wuchtigen Artländer Dom punktet, sondern auch mit seiner reizvollen und abwechslungsreichen Umgebung, die einfach zum Radeln einlädt. Vor den Toren des Ortes beginnt der westliche Teil des Natur- und UNESCO-Geoparks TERRA.vita mit der Ankumer Höhe, einem stillen, waldreichen Hügelland mit Erhebungen bis etwa 141 Meter.
Sie radeln vom Parkplatz im Schatten des Artländer Doms zur Durchfahrtsstraße zurück, der Sie nach links folgen und die Sie am Kreisverkehr nach rechts Richtung Tütingen verlassen. Zunächst verläuft die Route etwa parallel zum Ankumer See, dessen schöner Uferweg aber nur Fußgängern vorbehalten ist. Tütingen ist bald erreicht und Sie folgen hier den Radwegweisern links nach Bersenbrück. Die Etappe verläuft bis auf eine kurze Strecke bei Rüssel auf Wirtschaftswegen durch sanft gewelltes Agrarland.

HERRLICHE LANDSCHAFT In Bersenbrück
überqueren Sie die Gleise und folgen dem

Radwegweiser nach rechts Richtung Alfhausen. Die Strecke hinter Bersenbrück führt durch eine herrliche Landschaft aus Auen,

Tipp

OSNABRÜCKER-LAND-ERFAHRUNG

Wie kein anderes Gebäude beherrscht die römisch-katholische Pfarrkirche Sankt Nikolaus auf dem Vogelberg das Zentrum des Marktortes Ankum. Das im Volksmund Artländer Dom genannte Bauwerk geht auf eine im 12. Jahrhundert erstmals erwähnte Kirche zurück. Der Dom hat sein heutiges, wuchtiges Aussehen zwischen 1896 und 1900 erhalten, nachdem ein verwüstender Brand in 1892 die alte Pfarrkirche zerstörte. Der Turm ist mit fast 80 Metern der höchste einer Dorfkirche in der Republik. Höhepunkt der Kirche ist das gotische Ankumer Kreuz von 1280. Auch wenn Sie kein Fan von Sakralbauten sind, sollten Sie einen Blick in diese beeindruckende Kirche werfen.

↑ Farbenpracht am Wegesrand
↗ Quer durch Alfhausen
→ Einkehren am Markt in Bersenbrück

Feldern und Wiesen sowie entlang von Obstgärten, charakteristischen Artländer Bauernhöfen und Pferdekoppeln. Sie passieren die
Bauerschaft Wehbergen und folgen nun den
Gleisen nach Alfhausen. Sie radeln am Bahnhof entlang und unterqueren danach nach
links die Gleise Richtung Alfsee. Nach wenigen Metern überqueren Sie die Straße und
folgen dabei den Radwegweisern Richtung
Bramsche. Hinter einem Eisentor geht es
schließlich auf den Damm hoch, um die Aussicht auf den Alfsee zu genießen.

ALFSEE Eine weite Landschaft mit riesigem
Becken, umgeben von Dämmen, auf denen
Schafe die Deichpflege übernehmen – so präsentiert sich hier der Alfsee. Das Hochwasser
der Hase und die damit verbundenen hefti-
gen Überschwemmungen machten den An-
wohnern immer wieder zu schaffen und
führten schließlich zum Bau dieses Hoch-
wasserrückhaltebeckens. Das mittlerweile
als Alfsee bekannte Bauwerk hat sich für

viele Vögel zu einem Brut-, Rast- und Über-
winterungsgebiet entwickelt und ist heute
europäisches Vogelschutzgebiet. Am Ostrand wurde ein Teil des Beckens als Freizeit-
zone mit Wassersportmöglichkeiten, Ferien-
anlagen und Gastronomie ausgewiesen.
Nach der Aussicht radeln Sie nach rechts kurz
auf dem Damm weiter und dann die erste
Möglichkeit schon wieder hinunter Richtung
Alfhausen. Sie überqueren die idyllische Hase
und anschließend die Gleise. Danach durchqueren Sie Alfhausen geradeaus, vorbei an der
sehenswerten, mittelalterlichen Kirche im beschaulichen Ortskern. Kurz danach verlassen
Sie das Dorf nach links auf einem Wirtschaftsweg. Merzen ist das nächste Ziel.

IN AUF UND AB DURCH DEN NATURPARK
Eine schöne Strecke führt hinauf zum Gold-
hügel im Natur- und UNESCO-Geopark
TERRA.vita. An der Wanderhütte mit schönem Weitblick folgen Sie dem Radwegweiser
nach rechts und radeln im Auf und Ab durch

waldreiches Hügelland. Hin und wieder weisen Tafeln am Wegrand auf Abstecher zu einigen, im Wald versteckten Großsteingräber und Findlingen hin. Das Kirchdorf Merzen am Südrand der Ankumer Höhe erreichen Sie schließlich auf einer schönen Allee. Im Ort können Sie das Rad hinunterrollen lassen zur Dorfkirche an der T-Kreuzung. Die Radroute folgt hier nach rechts der Bundesstraße, biegt aber an der ersten Kurve schon wieder nach rechts ab Richtung Ankum. Die Strecke führt nun auf einer Nebenstraße nochmals im Auf und Ab durch eine stille, abwechslungsreiche Hügellandschaft. Schließlich gelangen Sie an einen Radweg,

Tipp

GUTEN APPETIT

Am Radweg von Merzen nach Ankum liegt Hannelores Waldcafé, eine Oase der Ruhe. Im Garten des kleinen Familienbetriebes genießen Sie frische hausgemachte Kuchen oder belegte Broten. Dazu ein schöner, freier Blick über Felder und Wald – einfach traumhaft.

der Sie an der Landstraße entlang zurück nach Ankum bringt, wo der Artländer Dom bereits aus der Ferne sichtbar ist.

INFO

HIGHLIGHT
Naturparadies

TOURENCHARAKTER
Rundtour auf asphaltierten Nebenstraßen, Wirtschafts- und Radwegen; kleinere Abschnitte gepflastert

AUSGANGS-/ENDPUNKT
Parkplatz beim Einkaufszentrum, Lindenstraße 2, Ankum

GPS-DATEN
52.541722, 7.867667

ANFAHRT
Auto: Auf der B 214, die direkt am Parkplatz vorbeiführt
Bahn: Zum Bahnhof in Bersenbrück und die Tour dort beginnen

KOMBINIERBAR MIT
Touren 20 und 22

E-BIKE-LADESTATION
Ankum: beim Seehotel (Uferseite)
Bersenbrück: beim Rathaus

Schwer · 36 km · 468 Hm · 3.30 Std.

RADVERLEIH
Ankum: Hasetal-Touristik, Bersenbrücker Straße 6, Bahnhofsgelände

INFORMATION
www.mein-ankum.de;
sgbsb.de/tourismus/willkommen

Haupttor des Klosters Bersenbrück

22

KLOSTERTOUR

Ankum – Bersenbrück – Gehrde – Drehle – Lage – Wehbergen

Diese gemütliche Radrunde verbindet die zwei sehenswerten Klöster Bersenbrück und Lage. Eine Radtour mit kulturellen Highlights, aber im Vordergrund steht die abwechslungsreiche Landschaft, geprägt von Rapsfeldern, Streuobstwiesen, schattigen Alleen, Waldstücken und reizvollen Auen entlang der Hase.

NACH BERSENBRÜCK Das hübsche Ankum ist Ausgangspunkt dieser Route – ein Ort mit Flair, der mit dem Artländer Dom und dem kleinen See einiges zu bieten hat. Sie starten am öffentlichen Parkplatz beim Einkaufszentrum im Ortskern. Ab hier radeln Sie zur Durchgangstraße, der Sie nach links folgen. Am Kreisverkehr halten Sie sich nach rechts Richtung Tütingen. Vom Radweg entlang der Straße haben Sie ab und an freien Blick auf den Ankumer See, einen ehemaligen Baggersee, der in eine schöne Parkanlage eingebunden ist.

In Tütingen folgen Sie dem Radwegweiser links nach Bersenbrück. Diese Etappe verläuft auf gut asphaltierten Wirtschaftswegen durch offenes Agrarland, lediglich in Rüssel geht es auf einem separaten Radweg kurz an der Landstraße entlang. In Bersenbrück überqueren Sie die Gleise geradeaus Richtung Ortsmitte. Hier begeistern das schöne Rathaus, der nette Marktplatz und das ehemalige Zisterzienserinnenkloster aus dem 13. Jahrhundert. Über eine Steinbrücke und durch das barocke Torhaus gelangt man ins Klosterareal mit Abteikirche und Abteige-

Tipp

OSNABRÜCKER-LAND-ERFAHRUNG

Schon bei der Annäherung an das Kloster Lage merkt man die ruhige Atmosphäre, die von der Anlage aus Mitte des 13. Jahrhunderts ausgeht. Das Kloster wurde als Johanniterorden gestiftet und hatte eine sehr turbulente Geschichte, mehrere Orden und Eigentümer residierten hier. Mitte der 1960er-Jahre kam es in Privatbesitz und wurde zum Hotel mit Restaurant umgebaut. Ende der 1990er-Jahre kaufte der Bischof von Osnabrück die Anlage und richtete ein Kloster für Dominikanerinnen ein. Ihnen folgten 2021 der Orden der Franziskaner-Minoriten, die seither das Kloster bewohnen und bewirtschaften. Wer die Ruhe einmal hautnah miterleben oder Entschleunigen möchte: in der Abtei gibt es mehrere Gästezimmer und zwei Ferienwohnungen.

bäude, worin sich heute das Amtsgericht und ein Museum über die Geschichte des Klosters befinden.

↓ Auf dem Weg nach Lage
↓ Westendorfer Dorfkirche

Kloster Lage

ÜBER GEHRDE NACH LAGE Die Route verläuft durch das Klosterareal. An der Rückseite überqueren Sie auf einer Holzbrücke den Hasekanal und folgen gleich links den Wegweisern nach Gehrde. Nun immer am Kanal entlang und vorbei an der Bersenbrücker Mühle, geht es nach den letzten Häusern weiter durch Agrarland bis nach Gehrde. Rotbraune, hübsche Fachwerkhäuser und eine auffallende Steinkirche im Orts-zentrum begrüßen die Radler. Im Gehrder Zentrum halten Sie sich rechts Richtung Fladderlohausen. Nach wenigen Kilometern erreichen Sie einen Wald, wo es nach rechts am Waldrand entlang Richtung Groß und Klein Drehle geht.

Im Zickzack werden Sie nun auf Wirtschaftswegen durch Agrarland geleitet. Sie stoßen in Groß Drehle auf eine Landstraße, der Sie nach links folgen. An der Gabelung ignorieren Sie am besten die Radwegweiser und nehmen nach rechts die weniger befahrene Abkürzung. In Bieste läuft die Radroute kurz an der Landstraße entlang, die Sie dann rechts verlassen nach Westendorf und seiner schmucken Kapelle aus Sandstein.

Tipp

GUTEN APPETIT

Klassische Fleischgerichte, Speisen mit saisonalen Produkten wie Spargel, aber auch vegetarisch und vegan bietet die Alte Küsterei beim Kloster Lage. Kaffee, hausgemachte Kuchen und ein gemütlicher Biergarten runden das Angebot ab.

KLOSTER LAGE Durch eine bezaubernde Landschaft aus Rapsfeldern und Obstgärten gelangen Sie, den Wegweiser Richtung Rieste folgend, an die Hase. Sie folgen dem Fluss nach links zum Kloster Lage, dessen

Kirchturm bereits von Weitem sichtbar ist. Das ehemalige Johanniterkloster wird heute noch bewohnt und bewirtschaftet und mit seinen warmen Farbtönen ist es ein echter Hingucker, wie auch die frei zugängliche Gartenanlage, wo man sich die Füße vertreten kann. Die alte Küsterei am Beginn des Areals lädt mit netter Terrasse zum Einkehren ein.

ABWECHSLUNGSREICHE RADLANDSCHAFT
Vom Kloster folgen Sie den Radwegweisern Richtung Bersenbrück. Eine schöne Etappe erwartet Sie jetzt, teilweise an der idyllischen Hase entlang, die hier durch die Landschaft mäandert. Über die verträumte Bauerschaft Heeke erreichen Sie an den Gleisen entlang Wehbergen. Hier weist Sie der Radwegweiser nach Ankum links über die Gleise auf eine Nebenstraße durch das Dorf. Sie überqueren die Bundesstraße geradeaus und radeln im leichten Auf und Ab an Äckern entlang und über die Bauerschaft Stockum nach Rüssel. Hier stoßen Sie wieder auf die Landstraße, folgen ihr nach links Richtung Ankum und verlassen sie schon bald wieder nach links. Diese Route nach Ankum auf den Wirtschaftswegen über Tütingen ist wegen der stillen Landschaft zu bevorzugen. So wie Sie gestartet sind, radeln Sie schließlich nach rechts auf dem separaten Radweg an der Landstraße entlang zurück zum Ausgangspunkt.

INFO

HIGHLIGHT
Sehenswürdigkeit

TOURENCHARAKTER
Rundtour auf asphaltierten Nebenstraßen, Wirtschafts- und Radwegen; Kiesweg entlang der Hase

AUSGANGS-/ENDPUNKT
Parkplatz beim Einkaufszentrum, Lindenstraße 2, Ankum

GPS-DATEN
52.541722, 7.867667

ANFAHRT
Auto: Auf der B 214, die direkt am Parkplatz vorbei führt
Bahn: Zum Bahnhof in Bersenbrück und die Tour dort beginnen

KOMBINIERBAR MIT
Touren 20 und 21

E-BIKE-LADESTATION
Ankum: beim Sport- und Seehotel (Uferseite)
Bersenbrück: beim Rathaus

Mittel · 42 km · 135 Hm · 3.00 Std.

RADVERLEIH
Ankum: Hasetal-Touristik, Bersenbrücker Straße 6, Bahnhofsgelände

INFORMATION
www.mein-ankum.de;
sgbsb.de/tourismus/willkommen;
www.kloster-lage.de

Wiehengebirge im
Naturpark Osnabrücker Land

NATURPARK OSNABRÜCKER LAND

Reizvolle Landschaften
im Natur- und UNESCO-Geopark
TERRA.vita

Am Fuße des Gehns

23

ETWAS BESONDERES: DER GEHN

Bramsche – Hemke – Ueffeln – Balkum – Westerhausen

Auf dieser Runde umrunden und durchqueren Sie den Gehn, einen Höhenzug nordwestlich von Bramsche. Das reizvolle Gebiet ist durch die Hase vom Wiehengebirge getrennt und noch Teil des Natur- und UNESCO-Geoparks TERRA.vita. Mit etwa 100 Metern Höhe erwarten Sie sportliche Herausforderungen.

START BEIM HASEBAD Die Radrunde beginnt in Bramsche beim Hallenbad, wo der Radweg hinter dem Bad entlang zum Hasesee führt. Der rund 13 Hektar große See wurde in erster Linie zum Schutz der Stadt vor Hochwasser angelegt. Durch die Infrastruktur mit Bänkchen, Grillplätzen, Liegewiesen, Wander- und Radwegen wurde aus dem See aber zugleich ein kleines Naherholungsgebiet.

Sie folgen dem Fuß- und Radweg nach rechts um den See herum. Am Westufer weisen Sie dann die Radwegweiser und Radtafeln quer durch das Ortszentrum am Rande der Fußgängerzone zum Tuchmacher Museum. Das Museum ist der Höhepunkt in Bramsche, ein Besuch sehr interessant und lohnenswert. Hinter dem Museum, direkt an einem Seitenarm der Hase, liegt das gemütliche Restaurant Riverside, ein angenehmer Platz, um den Radalltag später ausklingen zu lassen.

DEN GEHN IM BLICK Vom Tuchmacher Museum geht es über den Seitenarm Richtung Osnabrück. Sie folgen dabei dem Hase-Radweg, der kurze Zeit später nach rechts direkt am Haseufer entlang verläuft. Den Radwegweisern Neuenkirchen folgend, gelangen Sie mit einer Rechtskurve zur Bundesstraße, der Sie nach rechts folgen bis die Radwegweiser Sie schließlich nach links entlang der Nebenstraße weiterleiten. Mit dem Gehn im Blick folgen Sie nach wenigen Kilometern der Radzwischentafel nach rechts. Auf einem Wirtschaftsweg geht es nun fast immer geradeaus an der Westseite des Gehns entlang nach Ueffeln. Die Route führt zunächst durch ein von Landwirtschaft geprägtes Gebiet und dann mit leichtem Anstieg am Rand des Naturschutzgebietes Gehn entlang.

Der Gehn oder Gehnberg, wie der Höhenzug im Alltag auch bezeichnet wird, ist

Tipp

OSNABRÜCKER-LAND-ERFAHRUNG

In dem modern gestalteten Tuchmacher Museum wird regelmäßig die Herstellung von Tüchern auf Maschinen aus dem späten 19. und frühen 20. Jahrhundert gezeigt. Die Vorführung umfasst alle Stufen des Herstellungsprozesses, vom Waschen und Kämmen der Schafwolle, über Spinnen und Färben des feinen Garnes bis hin zum Weben des Endproduktes. Zudem wird die Geschichte des Gebäudes und der Tuchmacherfamilien beleuchtet. Es werden übrigens noch stets flauschige Wolldecken produziert, die im Laden zum Kauf angeboten werden. Ein schönes Mitbringsel oder hübsches Geschenk.

Tuchmachermuseum in Bramsche

 Forstweg auf dem Gehn
Am Haseufer
Einkehren am Bramscher Kirchplatz

größtenteils bewaldet und bietet heimischen Tieren und seltenen Pflanzenarten einen guten Rückzugsort. Gleichzeitig ist der Gehn aber auch von wirtschaftlicher Bedeutung. In Steinbrüchen wird vorwiegend Schotter für den Straßenbau gewonnen, in einer Tongrube der wertvolle Rohstoff für Ziegelbrennereien abgebaut und der Gehn

Tipp

GUTEN APPETIT

Der Besuch des Tuchmacher Museums lässt sich gut mit dem Restaurant Riverside verbinden, schließlich ist es im gleichen Haus wie die Färberei untergebracht. Auf der Speisekarte stehen unter anderem leckere Salate, Pasta und Pizzen.

ist zudem auch eine ertragreiche Quelle für Quarzgestein.

UEFFELN Sie stoßen im beschaulichen Ueffeln beim Heimatstübchen und Dorfmuseum auf die Durchfahrtsstraße, wo Sie nach rechts zur Ortsmitte geleitet werden. An der T-Kreuzung im Zentrum beim Gasthaus Droste-Haars geht es nach links weiter. Vor der Dorfkirche verlassen Sie Ueffeln nach rechts und radeln an der Feuerwehr entlang Richtung Hesepe. Den Radtafeln auf einem Wirtschaftsweg folgend, blicken Sie in der Ferne auf moderne Windmühlen und rechts auf die Nordseite des Gehns. Auf einer Birkenallee radeln Sie dann im Zickzack zur Bundesstraße, die Sie geradeaus überqueren.

DER ANSTIEG Mit ordentlicher Steigung durch den Wald geht es weiter. An einem Teich entlang laden Rastbänkchen zu einer

Verschnaufpause ein. Am höchsten Punkt durchqueren Sie die Bauerschaft Westerhausen. Hier stoßen Sie auf eine Nebenstraße, der Sie nach links folgen. Sie ignorieren dann die Radzwischentafel nach rechts und nehmen stattdessen nach links den Wirtschaftsweg Am Hasekamp. Anschließend radeln Sie quer durch das bewaldete Naturschutzgebiet Richtung Bramsche zurück. Kurz vor Bramsche lädt das nette Waldrestaurant und Ausflugslokal Zeitreise zur wohlverdienten Pause ein.

Nach dem Restaurant verlassen Sie den Gehn und können das Rad in die Stadt hinunterrollen lassen mit Panoramablick über Bramsche, das Hasetal und das Wiehengebirge. Im Ort angelangt folgen Sie den Radtafeln zur Ortsmitte Richtung Tuchmacher Museum und gelangen danach links auf dem gleichen Weg zurück zum Ausgangspunkt. Eventuell können Sie noch einen Stopp in einem Café am hübschen, von Fachwerkhäusern flankierten Kirchplatz machen.

INFO

HIGHLIGHT
Naturparadies

TOURENCHARAKTER
Rundtour auf asphaltierten Nebenstraßen, Wirtschafts- und Radwegen

AUSGANGS-/ENDPUNKT
Parkplatz beim Hasebad, Malgartener Straße 49, Bramsche

GPS-DATEN
52.415194, 7.994278

ANFAHRT
Auto: Auf der A1 bis Ausfahrt 68 Bramsche oder auf der B68 bis Ausfahrt Bramsche-Achmer
Bahn: Regionalbahn (RB) und Regional-Express (RE) ab/bis Bremen und Osnabrück

KOMBINIERBAR MIT
Tour 24

E-BIKE-LADESTATION
Bramsche: beim Hasebad und Gemeindehaus bei der Kirche Sankt Martin
Ueffelen: Mühlenesch 3 (Familie Grimme)

Schwer	36 km	361 Hm	2.30 Std.

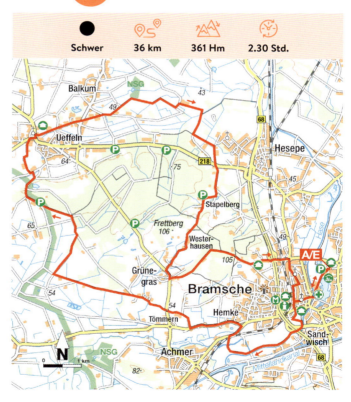

RADVERLEIH
Bramsche: Zweiradshop Kotte (www.facebook.com/2radShopKotte/)

INFORMATION
www.bramsche.de;
www.tuchmachermuseum.de

ZWISCHEN WIEHENGEBIRGE UND DAMMER BERGEN

Bramsche – Kalkriese – Campemoor – Vörden – Malgarten

Das Römermuseum in Kalkriese, die Wasserburg Alt Barenaue, der Torfabbau in Campemoor oder das Kloster Malgarten erzählen viele Geschichten über die ländliche Region zwischen den beiden Höhenzügen, die Sie auf dieser Radrunde entdecken.

Kurzer Stopp im Moorgebiet

24

Kalkrieser Friedenszeichen am Wegesrand

AUF ZUM RÖMERMUSEUM Mit dem Bramscher Hallenbad im Rücken überqueren Sie die Durchfahrtsstraße, halten sich kurz nach links und biegen dann nach rechts auf den Radweg am grünen Rand von Bramsche ein. Im Wald folgen Sie dem Wegweiser Lappenstuhl. Die Route verläuft auf Wirtschaftswegen durch Agrarland, überquert die Autobahn und führt in den jungen Bramscher Vorort Lappenstuhl. Ab nun folgen Sie mit dem reizvollen Wiehengebirge im Blick den Wegweisern Kalkriese. Sie überqueren dabei die Landstraße, radeln entlang von Wiesen und Feldern, überqueren den Mittellandkanal und kommen so in die Bauerschaft Kalkriese am Fuße des Wiehengebirges. Nun sind es nur noch wenige Kilometer entlang der Bundesstraße bis zum ersten Highlight der Route: dem Römermuseum. Unterwegs passieren Sie den Landgasthof Bauern Deele im Fachwerkstil mit einem urigen Café, das zur ersten Pause einlädt. Von der Bundesstraße erblickt man danach bereits den rostbraunen Aussichtsturm am Museumsgelände, wo Sie nach links schwenken. Die Route verläuft direkt am Eingang des gut besuchten und interessanten Museums vorbei.

SCHÖNE WEITBLICKE Ab dem Römermuseum folgen Sie den Radwegweisern nach Vörden über Campemoor, wobei Sie erneut den Mittellandkanal überqueren. Die Strecke

Tipp

OSNABRÜCKER-LAND-ERFAHRUNG
Inmitten des einstigen Schlachtfeldes der sogenannten Varus-Schlacht zwischen Römern und Germanen im Jahr 9 n. Chr. wurde ein rund 20 Hektar großer Park mit archäologischem Museum angelegt. Den Grundstein dafür legte ein britischer Hobbyarchäologe, der Ende der 1980er-Jahre mehrere römische Fundstücke auf den Äckern fand. 1989 begannen schließlich die planmäßigen Ausgrabungen, die eine enorme Anzahl an römischen Gegenständen zum Vorschein brachten. Prunkstück der heute im Museum zu bewundernden Gegenstände ist die eiserne Gesichtsmaske eines römischen Soldaten. Ein Besuch am Museum lohnt sich und die Radroute führt Sie bis vor die Tür.

↑ Beliebter Radlerstopp: Café Bauerndiele
↗ Fachwerkhof mit Restaurant
→ Kloster Malgarten

Richtung Campemoor führt nach dem Kanal durch eine alte Kulturlandschaft und passiert die historische Wasserburg Alt Barenaue aus dem 13. Jahrhundert. Die Burg ist teilweise renoviert und im Privatbesitz.

Auf einer reizvollen Allee Richtung Dammer Berge erreichen Sie Campemoor. Am Rastplatz biegen Sie nach links auf den Kiesweg nach Vörden und zum Moorerlebnispfad ein. Nun folgt eine interessante Strecke durch das ausgestreckte Moorgebiet, wo noch immer Torf abgebaut wird. Schautafeln entlang der Strecke informieren über das Moor und seine Geschichte. Gleichzeitig genießen Sie unterwegs den Blick sowohl auf das Wiehengebirge als auch auf die Dammer Berg in der Ferne.

HISTORISCHER ORTSKERN Den Radtafeln immer folgend, gelangen Sie ins Zentrum von Vörden, das als Stiftsburg im 14. Jahrhundert vom Bischof von Osnabrück gegründet wurde. Der Burghof und die Pfarr-

kirche sind noch teilweise erhalten geblieben. Sie lohnen für eine kurze Besichtigung, ebenso wie die Ackerbürgerhäuser im Ortskern, die sich unter anderem in der Kleinen Hinterstraße aneinanderreihen. Sie verlassen Vörden auf dem Radweg entlang des Burghofes und der Kirche Richtung Neuenkirchen. Mit dem Ort im Rücken geht es durch Agrarland bis zur Kreuzung in Hörsten, wo Sie nach links Richtung Malgarten geleitet werden. An der T-Kreuzung stoßen Sie links auf das gemütliche Café Bauerndiele, eine beliebte Raststation bei Radlern. Die Radtour geht an der Kreuzung nach rechts weiter, führt über die Autobahn und folgt auf einer Nebenstraße schließlich einer Etappe des Hase-Radweges nach Malgarten.

DORF UND KLOSTER MALGARTEN Das einstige Benediktinerkloster Malgarten ist der Besuchermagnet des Dorfes. Das Kloster wurde 1175 im oldenburgischen Essen gegründet und nach der Säkularisation 20 Jahre später nach Malgarten verlegt. Die Klosterkirche Sankt Johannes und das Pfarrhaus sind noch immer in der Hand der Kirche, die übrigen Klostergebäude werden privat genutzt. Die Anlage liegt direkt an der idyllischen Hase und kann durch das Torhaus betreten werden, wo Sie zur Kirche, zur Konzertscheune und zum Klostergarten gelangen. Gegenüber dem Kloster gibt es gute Einkehrmöglichkeiten. Von Malgarten folgen Sie dem Hase-Radweg nach Bramsche über die Bauerschaft Epe durch Felder und Waldstücke. Am Ortsrand von Bramsche passieren Sie das Naturschutzgebiet Darnsee, wo sich ein Badestopp anbie-

Tipp

GUTEN APPETIT

Für viele noch ein Geheimtipp, für andere bereits ein Begriff wenn es um Kaffee mit leckeren Torten in der Region geht: das urig eingerichtete Café Bauerndiele im ländlichen Umfeld von Vörden. Die Radroute führt vorbei und macht einen Kaffeestopp fast unvermeidbar.

tet. Oder Sie nutzen das Hallenbad am Startpunkt. Auch der Hasesee, eine grüne Oase in der Stadt, ist ein schöner Abschluss.

INFO

Mittel   42 km   82 Hm   3.30 Std.

HIGHLIGHT
Sehenswürdigkeit

TOURENCHARAKTER
Rundtour auf asphaltierten Nebenstraßen und Wirtschaftswegen, Kiesweg im Moorgebiet

AUSGANGS-/ENDPUNKT
Parkplatz beim Hasebad, Malgartener Straße 49, Bramsche

GPS-DATEN
52.415194, 7.994278

ANFAHRT
Auto: Auf der A1 bis Ausfahrt 68 Bramsche oder der B 68 bis Ausfahrt Bramsche-Achmer
Bahn: Regionalbahn (RB) und Regional-Express (RE) ab/bis Bremen und Osnabrück

KOMBINIERBAR MIT
Tour 23

E-BIKE-LADESTATION
Bramsche: beim Hasebad und Gemeindehaus bei der Kirche Sankt Martin
Kalkriese: beim Museum

RADVERLEIH
Bramsche: Zweiradshop Kotte
(www.facebook.com/
2radShopKotte/)

INFORMATION
www.bramsche.de;
www.kalkriese-varusschlacht.de

Schloss Ippenburg

25

ADELSSITZE

Bad Essen – Burg Wittlage – Schloss Ippenburg – Schloss Hünnefeld – Ostercappeln

Mit dieser Route entdecken Sie Burgen, Schlösser und Gutshöfe um Bad Essen, eine interessante Tour durch Kulturlandschaft mit viel Geschichte am Wegrand. Während die erste Hälfte der Strecke durch flaches, ländliches Gelände verläuft, wird es auf dem Rückweg über Ostercappeln ziemlich sportlich.

BURG WITTLAGE Bei der SoleArena, einem frei zugänglichen, modern gestalteten Gradierwerk in Bad Essen, beginnt diese Radtour. Zunächst lassen Sie das Rad Richtung Zentrum hinunterrollen. Sie biegen an der Durchfahrtsstraße nach rechts ab und folgen nun den Wegweisern Burg Wittlage, die Sie direkt zum Eingang am Torbogen leiten. Die mittelalterliche Burg am Rande von Bad Essen ist malerisch und imposant. Innerhalb der Gemäuer wurden im Laufe der Jahre Bauwerke in verschiedenen Stilen errichtet. Die Burganlage ist frei zugänglich und lädt mit einem gemütlichen Café zum Verweilen ein. Von der Burg Wittlage folgen Sie der Durchfahrtsstraße stadtauswärts, überqueren die Bundesstraße geradeaus und später den Mittellandkanal. Nach der Brücke geht es nach links kurz am Kanal entlang.

SEHENSWERTE SCHLÖSSER Den Radtafeln zum Schloss Ippenburg folgend, geht es am Rande von Lockhausen im Zickzack durch Wiesen, Felder und eine Allee zum imposanten Schloss Ippenburg aus dem 19. Jahrhundert. Der Radweg führt direkt am

Tipp

OSNABRÜCKER-LAND-ERFAHRUNG

Ein »kleines Stück England«, so wird das rund 60 000 Quadratmeter große Gartenparadies von Schloss Ippenburg umschrieben. In 40 Jahren gewachsen ist die Anlage einer der größten Privatgärten in Deutschland. Der Besuch ist unter Gartenliebhabern ein Muss. Von Mai bis August präsentiert sich das gepflegte Anwesen unter anderem mit Rosarium, unzähligen Stauden, Waldinseln, Sommerblumen, Küchengewürzen und Heilkräuter. Ein Barfußpfad, Wasserspielplatz, Shop und Café runden den Gartentraum ab.

Haupttor vorbei. Hinter dem Schloss erstrecken sich die Gärten, die weit über die Regionsgrenzen hinaus bekannt sind. Während der Saison an Wochenenden ist die Anlage ein wahrer Publikumsmagnet. Gegenüber dem Haupteingang führt die Route über eine Brücke auf einen ungeteerten

Burg Wittlage

Wasserschloss Hünnefeld

Fuß- und Radweg durch den Schlosspark. Dem Weg folgend, stoßen Sie auf eine Nebenstraße, an der Sie nach links abbiegen. Im beschaulichen Harpenfeld geht es rechts weiter auf einer schattigen Allee zum Schloss Hünnefeld. Wie ein Landschaftsgemälde ergibt sich das elegante von Gräben und Gärten umgebene Schloss. Das Schloss und der Schlosspark sind privat, aber Besucher sind im stimmungsvollen Café mit Terrasse und in einem Teil des Schlossgartens willkommen.

WEITER NACH OSTERCAPPELN Mit dem Schloss im Rücken radeln Sie nun durch eine

Tipp

GUTEN APPETIT

Der Kirchplatz um die Sankt-Nikolai-Kirche in Bad Essen ist nicht nur Zentrum des Kurortes, sondern auch der beste Ort, um sich kulinarisch zu verwöhnen. Beliebt ist das Restaurant im Höger's Hotel mit gemütlicher Terrasse auf dem Platz.

wunderschöne Allee weiter Richtung Ostercappeln über Gut Arenshorst. Sie folgen der Bundesstraße kurz nach links und biegen vor dem Mittellandkanal rechts ab nach Masch. Gepflegte Bauernhöfe und Felder begleiten den nächsten Streckenabschnitt zum Dorf Stirpe, das Sie am Rande durchqueren. Die Radtafeln leiten Sie durch einen Obstgarten und über die Bundesstraße geradeaus zum Gut Arenshorst. Eine Eichenallee führt zum Herrenhaus aus dem 18. Jahrhundert, das sich im Grünen versteckt und privat genutzt wird. Blickfang ist die ehemalige Privatkapelle Arenshorst im Fachwerkstil. Sie wird heute als Pfarrkirche genutzt.
Die Radtour biegt beim Gut Arenshorst nach links ab. Die Radtafeln leiten Sie am Mühlbach entlang, über den Mittellandkanal nach Herringhausen und weiter nach Ostercappeln. Nach der Bahnunterführung geht es mit Serpentinen ordentlich hoch. Ab und an haben Sie freien Blick auf die Hänge des Wiehengebirges. Nach etwa zwei Kilometern ist der Scheitelpunkt erreicht und es geht nach Ostercappeln hinunter, wo Sie nach rechts über den Markt zum Kirchplatz

radeln. Gemütliche Cafés und Restaurants laden am Platz zur Pause ein, bevor Sie den Rückweg durch das Wiehengebirge antreten werden.

IM AUF UND AB ZURÜCK Von Ostercappeln geht es auf einer Nebenstraße nach Hitzhausen, wobei Sie die Bundesstraße überqueren. Im ruhigen Hitzhausen mit alten Fachwerkhöfen halten Sie sich links und es geht später rechts auf einen Wirtschaftsweg mit schöner Aussicht hoch. In luftiger Höhe

stoßen Sie auf eine Landstraße, der Sie nach rechts folgen und die Sie schon nach wenigen Metern, noch vor der Kurve nach links Richtung Rattinghausen verlassen. Dem geteerten Wirtschaftsweg folgend, werden Sie durch Wald und Wiesen zu einer Nebenstraße geleitet. Ihr folgen Sie nach links und am Ortsrand von Bad Essen geht es auf einem Fuß- und Radweg nach links durch den Wald ziemlich steil hinunter, vorbei an einer alten Wassermühle und einem ehemaligen Schafstall direkt ins Zentrum von Bad Essen.

Schwer	35 km	543 Hm	3.00 Std.

HIGHLIGHT
Sehenswürdigkeit

TOURENCHARAKTER
Rundtour auf asphaltierten Nebenstraßen, Wirtschafts- und Radwegen

AUSGANGS-/ENDPUNKT
Parkplatz SoleArena, Platanenallee 16, Bad Essen

GPS-DATEN
52.317028, 8.341611

ANFAHRT
Auto: Auf der B 65 und dann den Wegweisern Bad Essen-Zentrum folgen

KOMBINIERBAR MIT
Tour 26

E-BIKE-LADESTATION
Bad Essen: Lindenstraße 14
Ostercappeln: am Kirchplatz

RADVERLEIH
Bad Essen: Fahrradhaus Lilier (www.fahrrad4you.de)

INFORMATION
www.badessen.de;
www.ippenburg.de;
www.ostercappeln.de

DURCHS WIEHENGEBIRGE

Bad Essen – Westerhausen – Bissendorf – Schledehausen – Wulften

Ein reizvolles Stück Osnabrücker Land ist das bis zu 320 Meter hohe Wiehengebirge mitten im Natur- und UNESCO-Geopark TERRA. vita. Mit einigen Bergetappen erwarten Sie auf dieser Runde richtige Herausforderungen. Neben sportlichen Abschnitten bietet die Tour viel Natur, schöne Ausblicke und kulturelle Highlights.

Historische Wassermühle in Bad Essen

26

Stilles Agrarland prägt
das Wiehengebirge.

IM AUF UND AB Erst tief durchatmen am modernen Gradierwerk im Fachwerkort Bad Essen, bevor es losgeht. Zunächst radeln Sie die Straße hinunter und schwenken nach links zur stimmungsvollen Altstadt rund um die Kirche. Hier folgen Sie nach links den Radwegweisern Melle. Die Route führt vorbei am alten Schafstall und der historischen Wassermühle, folgt dem Bach und steigt ordentlich auf einem Fuß- und Radweg durch den Wald zu den Bergkliniken an. Oben geht es nach rechts auf der Nebenstraße weiter, die Sie aber nach wenigen Minuten nach links Richtung Melle schon wieder verlassen. Sie radeln am Waldesrand zur Kreuzung, wo Sie der Radtafel nach rechts Richtung Westerhausen folgen. Durch eine schöne Radlandschaft und über die Bauerschaft Deitinghausen geht es nun immer im Auf und Ab auf Wirtschaftswegen Richtung Westerhausen. Unterwegs genießen Sie die Weitblicke auf das von Feldern, Wiesen und Gehöften geprägte Hügelland. Die Strecke führt steil hinunter in die Bauerschaft Hiddinghausen, die Sie den Radtafeln folgend rechts-links durchqueren. Mit einem letzten Anstieg und vorbei an alten Bauernhöfen erreichen Sie schließlich den im Hasetal gelegenen Ort Westerhausen.

HASETAL In Westerhausen stoßen Sie auf eine Nebenstraße, der Sie nach rechts und dann immer geradeaus über die Gleise folgen. Nach wenigen Metern weisen die Radtafeln Sie nach rechts Richtung Bissendorf. Auf einem Radweg durch Felder im Hasetal

Tipp

OSNABRÜCKER-LAND-ERFAHRUNG
Eine Solequelle, die aus rund 800 Metern gefördert wird, macht aus Bad Essen seit 1902 ein Kurbad mit passender Infrastruktur, unter anderem einem frei zugänglichen Gradierwerk, das man rund um die Uhr nutzen kann. Im historischen Zentrum um den Kirchplatz mit der frei stehenden Sankt-Nikolai-Kirche gruppieren sich Ackerbürgerhäuser im Fachwerkstil und das Hünnefelder Totenhaus, die einstige Grabstätte der Adelsfamilie Busch-Hünnefeld. Die alten Gebäude werden heute touristisch genutzt, meistens als Gastronomiebetrieb. Das macht aus dem Kirchplatz den besten Ort, um den Radtag ausklingen zu lassen.

erreichen Sie zunächst die schöne Bauerschaft Halle, wo Sie die Hase überqueren und geradeaus weiter Richtung Nemden radeln. Die Radzwischentafeln leiten Sie am privaten, im Wald versteckten Gut Ledenburg entlang. An der Nebenstraße angelangt, radeln Sie links-rechts auf dem Moorweg weiter, aber im Dorf

Tipp

GUTEN APPETIT

In Nemden, etwa einen Kilometer von der Radroute entfernt, befindet sich im Hof Luckmann ein idyllischer, großzügig angelegter Biergarten mit bayrischem Ambiente, Selbstbedienung, Brotzeitle-ckereien, Schmankerltagen und abends häufig Livemusik. Beliebt bei Radlern und Radlerinnen!

Nemden haben Sie zuerst noch die Möglich-keit zum Einkehren im Hof Luckmann. Nach dem Zwischenstopp geht es auf Wirtschafts-wegen durch ein weites Gebirgstal mit reiz-vollen Ausblicken nach Bissendorf. Im Ort führt die Route ungefähr hinter der Kirche vorbei und Sie folgen den Radwegweisern nach Wersche und Wissingen. Einkehren können Sie in Bissendorf im Eiscafé Dolce Vita unweit der Radroute.

Nach Bissendorf verläuft die Route am Fuße des Werscher Berges entlang, eine schöne Strecke mit Fernsichten über Felder und Hü-gelland. Die Bauerschaft Wersche durchque-ren Sie geradeaus zur nächsten Ortschaft: Wissingen. Hier folgen Sie am Kreisverkehr den Radtafeln rechts nach Jeggen.

SEHENSWERTES AM WEGRAND Durch ländliches Gebiet und die Bauerschaft Jeggen steigt die Route allmählich wieder zurück ins Wiehengebirge an. Unterwegs passieren Sie das sehenswerte Jeggener Großsteingrab. Schledehausen ist das nächste Ziel. Am Ortsrand werden Sie vom märchenhaften Schloss Schelenburg, einer mittelalterlichen Wasserburg, begrüßt. Vom Schloss können Sie den gemütlichen Radweg entlang der Straße ins Ortszentrum nehmen. Oder Sie folgen der ausgeschilderten Radroute hinunter zur historischen Wassermühle, wonach Sie mit einer ordentlichen Steigung ins Ortszentrum gelangen. Gegenüber der Kirche gibt es mit dem Restaurant im Hotel Post eine gute Einkehrmöglichkeit.

Sie verlassen Schledehausen an der Nordseite der Kirche entlang, vorbei an einigen schönen Fachwerkensembles und radeln durch Wald und Wiesen nach Wulften. Am Wulftener Ortsrand folgen Sie dem Wegweiser rechts nach Bad Essen. Eine herrliche Panoramaroute auf Güterwegen durchs Wiehengebirge liegt nun vor ihnen. In der Bauerschaft Mönkehöfen folgen Sie kurz der Nebenstraße und nach wenigen Metern dem Radwegweiser nach rechts Richtung Rattinghausen. Auf dem asphaltierten Güterweg rollen Sie langsam hinunter durch Wald zu einer Nebenstraße, an der es links auf dem gleichen Weg nach Bad Essen zurückgeht.

INFO

HIGHLIGHT
Sehenswürdigkeit

TOURENCHARAKTER
Rundtour auf asphaltierten Nebenstraßen, Wirtschafts- und Radwegen

AUSGANGS-/ENDPUNKT
Parkplatz SoleArena, Platanenallee 16, Bad Essen

GPS-DATEN
52.317028, 8.341611

ANFAHRT
Auto: Auf der B 65 und dann den Wegweisern Bad Essen-Zentrum folgen

KOMBINIERBAR MIT
Tour 25

E-BIKE-LADESTATION
Bad Essen: Lindenstraße 14
Bissendorf: Kirchplatz 1 (Rathaus)

RADVERLEIH
Bad Essen: Fahrradhaus Lilier
(www.fahrrad4you.de)

Schwer   45 km   744 Hm   4.00 Std.

Bissendorf: Zwei-Rad Rehme
(www.zweirad-rehme.de)

INFORMATION
www.badessen.de;
www.bissendorf.de

Osnabrücker Marktplatz

27

OSNABRÜCKER STADTRUNDE

Hauptbahnhof – Haseufer – Piesberg – Nettetal – Altstadtkern

Für diese trotz einer Steigung am Piesberg leichte Rundtour im Osnabrücker Stadtgebiet sollte genügend Zeit eingeplant werden. Der Altstadtkern der Stadt des Westfälischen Friedens hat viel Interessantes zu bieten. Am Piesberg kann man ins Zeitalter des Bergbaus eintauchen und im Nettetal dem Großstadttrubel entfliehen.

IMMER DER HASE NACH Mit dem Hauptbahnhof im Rücken geht es geradeaus auf der Heinrich-Heine-Straße Richtung Schloss und Universität. Kurz nach der Überquerung der Straße an der Ampel geradeaus erreichen Sie die Hase, die im Teutoburger Wald entspringt und sich durch die Osnabrücker Innenstadt schlängelt. Vor der Brücke biegen Sie nach rechts auf den Haseuferweg ein. Ab nun folgen Sie mehr oder weniger immer der Hase, zunächst auf einem Steg über dem Wasser, danach auf einem Radweg oder Radstreifen. Ein ganz kurzer Abschnitt durch das Zentrum ist als Fußgängerzone ausgewiesen. Radfahrer müssen hier absteigen. Am Ende des Uferweges radeln Sie schräg links und folgen dabei dem Radwegweiser Westerberg. Der Radweg führt an der einstigen Stadtbefestigung entlang mit Blick auf die Türme des Domes. Den Radzwischentafeln folgend, passieren Sie den Pernickelturm, wo Sie die Hase nach links zur alten Wassermühle überqueren mit wunderschönem Blick auf den idyllischen Fluss. An der T-Kreuzung nach der Mühle geht es rechts, ein paar Meter später links durch den Vitihof, einer malerischen Ecke mit denkmalgeschützten Fachwerkgebäuden.

Sie verlassen die Innenstadt an Ampelkreuzung geradeaus und biegen an der Berufsschule einige Meter vor der nächsten Ampel nach rechts wieder zum Haseuferweg ab. Sie folgen nun der Radtafel Richtung Pye und radeln durch eine reizvolle Allee fast immer geradeaus an der rauschenden Hase entlang. Am Ende des Uferweges lädt in ländlicher Gegend das Gasthof Zur Alten Eversburg mit gemütlicher Terrasse zur Pause ein.

Tipp

OSNABRÜCKER-LAND-ERFAHRUNG

Seit über 20 Jahren findet am Osnabrücker Marktplatz jeweils am dritten Sonntag im September das beliebte und über die Stadtgrenzen hinaus bekannte Fest der Kulturen statt. Das international ausgerichtete Fest bietet ein abwechslungsreiches Programm mit Gruppen aus unterschiedlichen Ländern der ganzen Welt. Traditionelle Tänze und folkloristische Lieder auf der Bühne vor dem Rathaus und landestypische Spezialitäten an den kleinen Ständen am und um den Marktplatz lassen die Besucher für kurze Zeit in eine andere Welt eintauchen. Der Eintritt ist frei!

AM PIESBERG Der nächste Abschnitt führt zum Kultur- und Landschaftspark Piesberg, mit einem aktiven Steinbruch und dem Museum Industriekultur Osnabrück (MIK). Die Radroute überquert dabei die Hase sowie den Stichkanal Osnabrück und folgt dann gleich rechts dem Radwegweiser MIK auf dem Süberweg. Sie erreichen den waldreichen Piesberg und das einladende Café mit Kastaniengarten im bemerkenswerten, aus Natursteinen errichteten Piesberger Gesellschaftshaus. Auf einer Brücke überqueren Sie die stillgelegten Gleise einer alten Steinbrecheranlage, die links zu sehen ist. Danach passieren Sie einige Nebengebäude des Museums. Den Haupteingang des Museums erreichen Sie in dem Sie ein paar Meter weiter nach links auf die Straße Am Haseschacht

Der Stollen im Museum Industriekultur vermittelt einen guten Eindruck von der schweren Arbeit unter Tage.

Weit reicht der Blick über den Kultur- und Landschaftspark Piesberg.

einbiegen und anschließend dem bergwärts führenden Radweg an der Nebenstraße entlang folgen. Die Dauerausstellung des im Haseschachtgebäudes untergebrachte Museum beleuchtet den Steinkohleabbau am Piesberg. Höhepunkt ist der Hasestollen, der bequem mit einem Lift erreichbar ist. Etwas weiter bergwärts führt ein ausgeschilderter Kiesweg zum Aussichtsturm am rund 188 Meter hohen Piesberg, von wo aus man einen herrlichen Rundblick auf den noch aktiven Steinbruch und die Umgebung hat.

INS NETTETAL Vom Museum lassen Sie das Rad entlang der Straße hinterrollen und folgen nach der Kreuzung dem Radwegweiser links in den Vorort Haste. Sie radeln durch Wald um den Piesberg herum, passieren ein altes Landgut und überqueren auf einer Brücke die Bundesstraße. Die Radtafeln leiten Sie durch den Vorort zum Nettebad. Wer Lust und Zeit hat, der kann nach links einen Abstecher auf dem Waldweg durch das idyllische Nettetal zum Kloster Nette machen und weiter zur rund fünf Kilometer entfernten Knollmeyers Mühle, einem sehr beliebten und lohnenswerten Ausflugslokal am

GUTEN APPETIT

Untergebracht in einem alten, sehenswerten Fachwerkhaus in der Marienstraße 18, bietet das Restaurant Weinkrüger täglich ab 12 Uhr deftige Gerichte aus regionaler und internationaler Küche mit am Wochenende den traditionellen »Schnitzelsonntag«.

↑ Aussichtsturm am Piesberg
↗ Osnabrücker Rathaus
→ Museum Felix Nussbaum

Flussufer bei einer idyllischen, alten Wassermühle. Ansonsten folgen Sie ab dem Nettebad den Radtafeln geradeaus Richtung Zentrum durch das Stadtviertel Sonnenhügel zurück an die Hase nahe des Pernickelturmes. Danach geht es auf dem gleichen Weg zurück zum Bahnhof, aber nicht, bevor Sie die Altstadt mit dem Rad erkundet haben.

OSNABRÜCKER ALTSTADT Höhepunkte des Altstadtkerns sind der wuchtige Dom Sankt Peter, ein Meisterwerk der spätromanischen Baukunst. Ein Kurzführer liegt im Dom auf und bringt Sie zu allen Kunstschätzen, Seitenaltären, Kapellen und in den Kreuzgang des Doms. Mit dem Dom im Rücken erreichen Sie geradeaus den Marktplatz mit der gotischen Kirche Sankt Marien und dem Rathaus von 1512 mit dem Friedenssaal, Schauplatz des Westfälischen Friedenskongresses. Neben dem Rathaus,

das heute als Standesamt fungiert, steht die Stadtwaage von 1532.

Links am Rathaus vorbei geht es durch die Heger Straße an schönen Fachwerkhäusern entlang zum Heger Tor von 1817. Schräg gegenüber dem Stadttor befindet sich das bemerkenswerte Felix-Nussbaum-Haus. Der amerikanische Stararchitekt Daniel Libeskind hat dieses architektonische Juwel 1998 entworfen. Die Dauerausstellung mit den Werken des 1904 in Osnabrück geborenen und 1944 in Auschwitz ermordeten Künstlers Felix Nussbaum beeindruckt mit ausdrucksstarken Bildern des Malers.

ZURÜCK ZUM BAHNHOF Ab dem Heger Tor gegen den Uhrzeigersinn radelnd, können Sie eventuell noch einen Stopp bei der Kirche Sankt Katharinen einlegen, einer gotischen Hallenkirche mit einem über 100 Meter hohen Turm, der damit das höchste mittelalter-

liche Bauwerk der Region ist. Ein paar Meter weiter befindet sich der schmucke Ledenhof, einst mittelalterliches Stadtpalais der Ledener Adelsfamilie, heute das Haus der Deutschen Friedensstiftungen. Gegenüber des Ledenhofes erblicken Sie das einst fürstbischöfliche Schloss, das größte Barockschloss Niedersachsens, mit gepflegtem Schlossgarten. Ein kleines Museum zeigt die dunkle Seite der Schlossgeschichte, als die Gestapo das Gebäude für ihre Zwecke nutzte. Heute ist das Schloss Sitz der Universität. Vom Schloss sind es nur noch wenige Radminuten zur Hase und zum Hauptbahnhof zurück.

Heger Tor in Osnabrück

INFO

HIGHLIGHT
Stadtspaziergang

TOURENCHARAKTER
Rundtour auf asphaltierten Rad- und Wirtschaftswegen

AUSGANGS-/ENDPUNKT
Hauptbahnhof Osnabrück, Theodor-Heuss-Platz 1

GPS-DATEN
52.272472, 8.058833

ANFAHRT
Auto: Auf der A 30 bis Ausfahrt 18 Osnabrück-Nahe, dann auf der B 68 geradeaus bis zum Ring und dort rechts zum Bahnhof
Bahn: Regionalbahn (RB), Regional-Express (RE), IC und ICE aus allen Teilen Deutschlands

KOMBINIERBAR MIT
Touren 23 und 24 (ab Bramsche)

E-BIKE-LADESTATION
Osnabrück: RWE, Goethering 23–29; Radstation Pedalos, Theodor-Heuss-Platz 2; Botanischer Garten, Albrechtstraße 29

RADVERLEIH
Osnabrück: Radstation Pedalos,

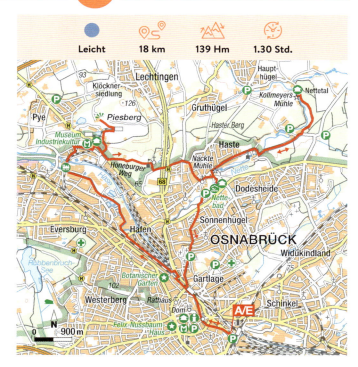

| Leicht | 18 km | 139 Hm | 1.30 Std. |

Theodor-Heuss-Platz 2; Zweiradhaus Dependahl, Am Kirchenkamp 14; Stadt-Land-Führungen, Auguststraße 25

INFORMATION
www.osnabrueck.de; www.mik-osnabrueck.de

DURCH DEN TEUTOBURGER WALD

Bad Iburg – Lengerich – Tecklenburg – Leeden – Hagen

Sanftes Hügelland, teilweise mit enormen Steigungen im Teutoburger Wald entlang der Grenze zwischen dem Naturpark Osnabrücker Land und dem Münsterland fordern die Radfahrer mehrmals heraus. Zu einem erholsamen Stopp unterwegs laden viele hübsche, historische Ortskerne mit guter Gastronomie ein.

28

Blick auf Hagen am Teutoburger Wald

AM FUSSE DES TEUTOBURGER WALDES

Mit dem Parkplatz im Rücken verlassen Sie Bad Iburg beim Kreisverkehr auf dem Charlottenburger Ring nach Süden und radeln dann nach rechts auf der Münsterstraße weiter, die Sie bei der Ampel wieder nach rechts verlassen. Den Wegweisern nun folgend, gelangen Sie zum ersten Ziel: Lienen. Die Radschilder leiten Sie quer durch den alten Dorfkern um die Kirche und das Haus des Gastes. Hier gegenüber liegt der Barfußpark mit einem frei zugänglichen Wassertretbecken zur Abkühlung. Von Lienen sind es noch etwa elf Kilometer bis nach Lengerich. Halten Sie sich dabei an den Wegweisern Lengerich-Stadt. Im Ort folgen Sie dann den Radschildern Lengerich-Zentrum. Hier verläuft der Radweg über den Rathausplatz mit einigen schönen Fachwerkhäusern und unter dem Römer hindurch, einem historischen Torhaus und das Wahrzeichen der Stadt. Nach dem Römer folgen Sie kurz einer Einkaufsstraße, wonach die Radschilder Ihnen rechts den Weg nach Tecklenburg weisen.

Reizvolle Hügellandschaft

ABSTECHER NACH TECKLENBURG Am Südrand von Tecklenburg passieren Sie das Wasserschloss Marck und malerische Teiche. Hier können Sie nach links zum historischen, höher gelegenen Ortskern von Tecklenburg radeln. Der Aufstieg mit dem Rad ist ziemlich anstrengend, aber die Altstadt ist jede Schweißperle wert. Ein guter Ausgangspunkt für einen Rundgang ist der historische Marktplatz aus dem 16. Jahrhundert mit einer uralten Linde und hübschen Fachwerkhäusern. Die Touristeninformation am Platz hält einen Plan für einen Stadtspaziergang parat, der Sie unter anderem zu den interessantesten Bauwerken bringt wie dem Torhaus Legge von 1577, der mittelalterlichen Schlossbastion, der Burgruine mit wehrhaftem Turm, der Freilichtbühne und den Fachwerkhäusern Krummacherhaus und das

»Schiefe Haus«. Wieder zurück am Marktplatz warten hier gemütliche Terrassencafés, die zu einer Verschnaufpause einladen.

Tipp

OSNABRÜCKER-LAND-ERFAHRUNG

Hoch über dem Zentrum von Bad Iburg thront Schloss und Kloster Iburg. Ursprung der Anlage war eine Fliehburg von 1070 an einer Passstraße durch den Teutoburger Wald. Vom 11. bis Mitte des 17. Jahrhundert war sie die Residenz des Bistums Osnabrück. Danach kam die Anlage in die Hände von Bischof Von Wartenberg, der große Teile erneuern ließ. In dieser Periode wurde auch der Rittersaal neu gestaltet unter anderem mit kunstvollen Deckenmalereien. Die Nachfolger des Bischofs rundeten mit Aus- und Umbauten die Anlage ab, die mit einer Führung von der Touristeninformation Bad Iburg besichtigt werden kann.

↑ Einkehren in Tecklenburg
↗ Schloss Bad Iburg
→ Stadttor im Zentrum von Lengerich

ÜBER LEEDEN NACH HAGEN Falls Sie Tecklenburg nicht besuchen möchten, biegen Sie bei den Teichen nach rechts ab. Kurz nach einem Campingplatz verlassen Sie das Ortsgebiet geradeaus auf dem Exterheider Damm. Sie folgen dieser ruhigen, leicht ansteigenden Nebenstraße unter der Autobahn hindurch nach Leeden. Die Strecke führt im leichten Auf und Ab über die Ausläufer des Teutoburger Waldes und bietet schöne Fernblicke. In Leeden den Radschildern folgend, kommen Sie über einen schmalen Radweg zur Rückseite des ehemaligen Damenstiftes aus dem 13. Jahrhundert und zu einer frei zugänglichen Kneippanlage. Hier geht die Route nach rechts Richtung Natrup-Hagen auf dem separaten Radweg weiter.

In Natrup-Hagen biegen Sie bei der Kirche nach links In den Fleeten ein. Sie überqueren einen Bach und nehmen kurz danach rechts den Lotter Weg. Jetzt folgt eine schöne Strecke in den Kirschenort Hagen mit spätgotischer Kirche, dem ältesten Gebäude und Wahrzeichen des Ortes. Die Route geht beim Kreisverkehr vor der Kirche nach rechts weiter Richtung Bad Iburg. Bald führt das Radschild Sie rechts in die Bergstraße und allmählich aus Hagen hinaus.

GUTEN APPETIT

In der Stiftschänke mit Gartenterrasse in Leeden speisen Sie mit Blick auf das alte Damenstift. Im Restaurant Zum Forellental am Ortsrand von Hagen werden Forellen aus eigener Zucht serviert, aber auch Fleischklassiker wie Rinderroulade oder Schweinemedaillons.

IM AUF UND AB NACH BAD IBURG Nach dem Restaurant Zum Forellental und der Forellenzucht Kasselmann radeln Sie nach links hoch Richtung Erikasee und dann immer geradeaus bis zur Kreuzung. Sie biegen hier nach links auf Am Heidhorn ein, am Ende der Straße nach rechts auf den Amtsweg. Die Strecke von Hagen nach Bad Iburg ist eine landschaftlich sehr reizvolle, aber kräfteraubende Strecke. Die Anstrengung wird mit schönen Aussichten und Bad Iburg entlohnt, einem traditionsreichen Kurort mit Charme, Geschichte und vielen Sehenswürdigkeiten. Nicht zu übersehen ist Schloss und Kloster Iburg, an dessen Fuß die Tour begann.

INFO

Schwer   47 km   554 Hm   4.30 Std.

HIGHLIGHT
Sehenswürdigkeit

TOURENCHARAKTER
Rundtour auf asphaltierten Radwegen, Wirtschafts- und Nebenstraßen

AUSGANGS-/ENDPUNKT
Parkplatz beim Waldkurpark, Holperdorper Str. 2, Bad Iburg

GPS-DATEN
52.159222, 8.037528

ANFAHRT
Auto: Auf der A 30 bis Ausfahrt 18, Osnabrück-Nahe oder A 33 bis Ausfahrt 12, Hilter am Teutoburger Wald
Bahn: Bahnhof in Hilter, ca. 9 km vom Ausgangspunkt entfernt

KOMBINIERBAR MIT
Touren 30 und 29 ab Hagen am Teutoburger Wald

E-BIKE-LADESTATION
Bad Iburg: Rathaus, Am Gografenhof 4; Hotel »Zum Freden«, Zum Freden 41
Lengerich: Rathausplatz 1
Tecklenburg: Markt 7, bei der Touristeninformation
Leeden: Ladesäule, Stift 21

Hagen: Parkplatz Gibbenhoff nahe der Kirche

RADVERLEIH
Bad Iburg: Touristeninformation, Am Gografenhof 3
Lengerich: Firma Schröer, Zur Sandgrube 21; Velo Garten, Tecklenburger Straße 15
Tecklenburg: Tecklenburger Land Tourismus, Markt 7; Zweirad Herzberg, Zu den Klippen 8

INFORMATION
www.badiburg.de;
www.tecklenburg.de;
www.hagen-atw.de

Kirschbäume in der
Hagener Umgebung

29

KIRSCHBLÜTENROUTE

Hagen – Natrup – Sudenfeld – Forellental – Mentrup

Im Frühling verzaubern Kirschblüten Hagen am Teutoburger Wald.
Diese Route führt im Auf und Ab auf dem gut ausgeschilderten
Kirschradweg durch diese zauberhafte, zum Natur- und UNESCO-
Geopark TERRA.vita gehörende Landschaft, vorbei an zahllosen
Kirschbäumen und gepflegten Bauernhöfen im niedersächsischen
Fachwerkstil.

KIRSCHORT HAGEN Das beschauliche Städtchen Hagen am Teutoburger Wald ist Ausgangspunkt dieser sportlichen Rundtour. Die ersten Kirschbäume wurden laut Aufzeichnungen bereits im 16. Jahrhundert hier angepflanzt. Seit der Hagener Touristikverein vor vielen Jahren beschloss, erneut Kirschbäume zu pflanzen, locken die in weiß-rosa erstrahlenden Streuobstwiesen während der Blütezeit jedes Jahr viele Besucher an. Auf dem etwa 2,5 Kilometer langen Kirschlehrpfad können rund 360 Kirscharten entdeckt und bewundert werden. Es ist übrigens die größte Sammlung unterschiedlicher Kirschbäume in Deutschland. Viele Arten sind vom Aussterben bedroht und werden zur Veredelung neuer Bäume verwendet. Jedes Jahr Ende April wird der Kirschblütenmarkt abgehalten, wo die Frucht in vielen Variationen angeboten wird: von Marmelade über Fruchtsaft bis hin zum süßen Likör und Hochprozentigen. Natürlich sind die Produkte auch außerhalb der

Tipp

OSNABRÜCKER-LAND-ERFAHRUNG

Natur- und UNESCO-Geopark TERRA. vita – Lebenslauf der Erde. Schon der Name klingt atemberaubend und vielversprechend. Und Hagen liegt mitten im südlichen Teil dieser großräumigen Landschaft, die sich durch ihre Kulturlandschaften, Naturschutzgebiete und Artenvielfalt auszeichnet. Nachhaltiger Tourismus wird verstärkt gefördert. Tauchen Sie ein und entdecken Sie diese faszinierende Landschaft, in der 300 Millionen Jahre auf unterschiedliche Weise dokumentiert sind. Sie werden sehen, wie sich die Landschaft unter anderem durch Erosion, Auffaltungen, Überschwemmungen und Frost veränderte.

Saison vor Ort erhältlich, entweder im Bürgerbüro des Rathauses bei der Kirche oder in einigen Hofläden entlang der Route.

↓ Logo des Kirschblütenradweges
↘ Kirschbaum in voller Blüte

Kirschblütenlehrpfad

ZUM JÄGERBERG Die Radtour startet am kostenlosen Parkplatz im Ortszentrum, geht zunächst vorbei an der E-Bike-Ladestation und dann nach rechts durch die Dorfstraße entlang der ehemaligen Sankt-Martinus-Kirche bis zur Durchfahrtsstraße. Hier halten Sie sich links und biegen vor dem Kreisverkehr nach rechts Zum Jägerberg ein. Sie folgen ab nun dem bestens ausgeschilderten Kirschradweg mit dem unverkennbaren Logo von zwei dunkelroten Kirschen an einem Zweig auf weißen Hintergrund. Nach den letzten Häusern erblicken Sie die ersten Kirschbäume und den Kirschlehrpfad. Nun steigt die Route ordentlich auf dem Jägerberg hoch, eine echte Herausforderung. Oben angekommen, eröffnet sich ein wunderschöner Blick zurück auf Hagen und das reizvolle Umland. Sie erreichen schließlich eine Gabelung, an der Sie dem Kirschradweg nach links Richtung Silbersee folgen. Die Route schlängelt sich auf einer Nebenstraße im Auf und Ab durch ein reizvolles, waldreiches Hügelland.

IDYLLISCHE VORORTE An der kleinen Kapelle leitet Sie der Wegweiser des Kirschradweges nach links an einer Häuserzeile entlang und in einem Bogen unterhalb des Jägerberges und des Silberberges weiter. Unterwegs passieren Sie immer wieder Kirschbäume in Gärten und am Straßenrand, aber auch blühende Rapsfelder und wunderschön renovierte, im niedersächsischen Fachwerkstil erbaute Bauernhöfe mit Hofladen. Sie durchqueren verschiedene Hagener Vororte, die ihren ländlichen Charakter erhalten haben. Besonders reizvoll ist es in Sudenfeld, Am Borgberg und im Forellental, wo der

Tipp

GUTEN APPETIT

Die Gastronomie in Hagen öffnet erst ab 17 Uhr, aber im Zentrum von Hagen befindet sich Rizzi Eismanufaktur mit handgemachtem, original Italienischem Eis und natürlich bekommen Sie hier auch einen guten Kaffee im gemütlichen Eissalon oder auf der netten Straßenterrasse.

Name Programm ist. In künstlichen Becken entlang des Radweges werden Forellen gezüchtet, die in Restaurants in unterschiedlichen Variationen angeboten werden.

ZURÜCK INS ZENTRUM Unterwegs am Südrand des Gemeindegebietes haben Sie immer wieder schöne Aussichten auf den Naturpark. Am Heidhorn befindet sich der Wendepunkt der Route. Nun geht es in einem Bogen langsam zurück Richtung Hagen und weiter ins schattenreiche Wiesental mit alten

Steinbrücken über den rauschenden Poggenbach. Am Ende des Wiesentales fordert die Steigung Am Ellenberg die Radler nochmals ordentlich heraus. Die Route führt Sie dann kurz nach links entlang der Landstraße bevor es nach rechts über Altenhagen und Große Heide zurück auf den Jägerberg geht. Die letzten Kilometer können Sie schließlich das Rad zum Ausgangspunkt im Zentrum hinunterrollen lassen. Dabei passieren Sie erneut den Kirschlehrpfad und können hier eventuell noch einen Stopp einlegen.

INFO

HIGHLIGHT
Naturparadies

TOURENCHARAKTER
Rundtour auf asphaltierten Nebenstraßen, Wirtschaftswegen und kleinere Abschnitte mit separaten Radwegen

AUSGANGS-/ENDPUNKT
Parkplatz Gibbenhoff, Hagen am Teutoburger Wald

GPS-DATEN
52.196444, 7.980333

ANFAHRT
Auto: Auf der A 30 bis Ausfahrt 15 Hasbergen-Gaaste oder bis Ausfahrt 17 Osnabrück-Sutthausen
Bahn: Mit der Regionalbahn bis zum Bahnhof in Natrup-Hagen, etwa 2 km von der Route entfernt

KOMBINIERBAR MIT
Touren 28 und 30, beide ab Bad Iburg

E-BIKE-LADESTATION
Hagen aTW: Parkplatz Gibbenhoff (Ausgangspunkt)

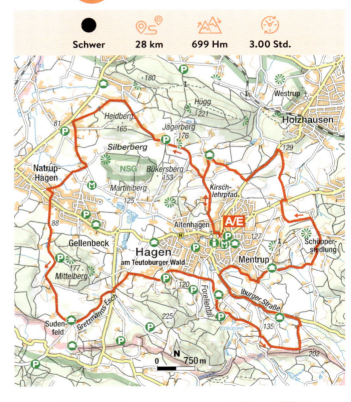

| Schwer | 28 km | 699 Hm | 3.00 Std. |

RADVERLEIH
Bad Iburg: Touristeninformation, Am Gografenhof 3

INFORMATION
www.hagen-atw.de; www.geopark-terravita.de

DREI-BÄDER-TOUR

Bad Iburg – Hilter – Bad Rothenfelde – Bad Laer

Am Südhang des Teutoburger Waldes, inmitten des Natur- und UNESCO-Geoparks TERRA.vita erstreckt sich die Thermenregion mit den drei Kurorten Bad Iburg, Bad Rothenfelde und Bad Laer. Auf dieser Radrunde durch diese Orte mit unterschiedlichem Charme lassen sich Natur, Radfahren und Wellness bestens kombinieren.

Blick auf den Schlossberg von Bad Iburg

30

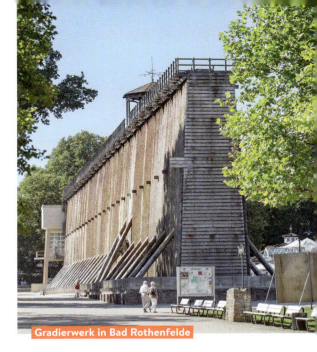
Gradierwerk in Bad Rothenfelde

ATTRAKTIVER KURORT Die Tour beginnt in Bad Iburg, dem größten und beliebtesten Kurort der Region. Vom Parkplatz beim Waldkurpark, dem Startpunkt der Tour, blicken Sie auf das Wahrzeichen der Stadt: Schloss Iburg, das unübersehbar auf dem Schlossberg thront. Aber auch der Aussichtsturm mit einem abenteuerlichen Baumwipfelweg zieht die Aufmerksamkeit an sich. In unmittelbarer Nähe des Turmes befindet sich ein frei zugängliches Kaltwassertretbecken. Den Schlossbesuch, eine eventuelle Baumwipfeltour mit spannenden Ausblicken oder ein Kneippbad für die Füße heben Sie sich am besten für den Schluss auf.

Zunächst geht es vom Parkplatz nach links unter der Fußgängerbrücke hindurch Richtung Zentrum, direkt an der Tegelwiese vorbei und auf das Uhrenmuseum zu. Sie halten sich hier rechts, radeln an der Touristeninformation vorbei und folgen kurz danach nach links den Radtafeln nach Glane. Nun geht es mit einer kurzen, aber ordentlichen Steigung über den Hagenberg. Sie folgen jetzt einer Etappe des Themenradweges Grenzgängerroute. Am Ende der Straße schwenken Sie nach rechts, radeln an einem Forellenteich entlang und erreichen nach einem Waldstück Glane.

HILTER Sie durchqueren das ländliche Glane bis zum Kreisverkehr und folgen dann den Radwegweisern nach links Richtung Hilter. Nach wenigen Kilometern überqueren Sie die Landstraße und radeln auf die Berge des Teutoburger Waldes zu. Über Höfen, Sentrup und Natrup geht es auf gut ausgebauten Wirtschaftswegen durch schönes, von Agrarflächen geprägtes Gebiet weiter nach Hilter. Sie durchqueren den Ort an der Kirche entlang bis zum Kreisverkehr, nehmen die erste Ausfahrt nach rechts und wechseln dann auf den Themenradweg Sole- und Kneipp-Tour. Nun folgen Sie diesem mit drei blauen Quellen gekennzeichneten Radweg nach Bad Rothenfelde.

BAD ROTHENFELDE Im Kurort und Heilbad Bad Rothenfelde passieren Sie nun am Kreisverkehr im Zentrum das alte Kurhaus.

OSNABRÜCKER-LAND-ERFAHRUNG
Balsam für Körper Geist und Seele versprechen die Gradierwerke mit salzhaltiger Luft oder ein Aufenthalt zur Entschleunigung in einem klassischen Thermalbad. Oder wie wäre es mit einem kurzen Spaziergang auf einem prickelnden Barfußpfad oder einer sogenannten Kneippkur im Kaltwassertretbecken, die kostenlos in den Kurparks benutzt werden können? Die Wellness-Infrastruktur in den drei Badeorten ist hervorragend; einfach in der Touristeninformation nachfragen oder sich im Internet schon vorab informieren.

↑ **Unterwegs nach Hilter**
↗ **Hilter am Teutoburger Wald**
→ **Kurhaus Bad Rothenfelde**

Danach biegen Sie nach rechts auf einen Radweg ein und radeln so zwischen dem kleinen Einkaufszentrum am alten Gradierwerk und dem begrünten Konzertgarten weiter. Es lohnt sich, hier im Ortszentrum

Tipp

GUTEN APPETIT

An Einkehrmöglichkeiten fehlt es nicht auf dieser Route, wie am Glockensee im Kurpark von Bad Laer, wo das Café-Restaurant Die Mühle herzhafte, leckere Gerichte aus mediterraner und heimischer Küche, Kaffee und hausgemachten Kuchen sowie Gerstensaft im gemütlichen Biergarten bietet.

einen Stopp einzulegen, um die angenehme Atmosphäre zu genießen oder einfach nur, um im Bistro beim alten Gradierwerk bei Kaffee und Kuchen im Freien zu pausieren. Nach dem Konzertgarten erreichen Sie die Touristeninformation. Sie halten sich hier rechts, folgen dann immer den Radzwischentafeln mit dem Logo der Sole- und Kneipptour, radeln an der weißen Kirche von Helfern entlang Richtung Bad Laer und überqueren dabei die Bundesstraße geradeaus. Die Route geht dann nach rechts weiter Richtung Bad Laer, wobei sie die Sole- und Kneipptour verlassen und wieder der Grenzgängerroute folgen. Die ausgeschilderte Route führt Sie nun auf Wirtschaftswegen durch Aschendorf parallel zum sogenannten Kleinen Berg direkt ins Zentrum von Bad Laer.

BAD LAER Bad Laer ist der kleinste Kur- und Badeort des Trios mit einem überschaubaren, malerischen Zentrum, an das im Norden der Kurpark anschließt. Im Zentrum halten sie sich an den Radwegweiser Richtung Bad Iburg und folgen ab jetzt dem Friedensradweg, erkennbar an dem Logo mit einem grünen Reiter auf weißem Hintergrund.
Sie verlassen Bad Laer entlang des am Wasser gelegenen Restaurants Die Mühle. Mit Ausnahme von einer kurzen Strecke ent-

lang der Landstraße verläuft die nächste Etappe in Richtung Bad Iburg auf guten Wirtschaftswegen, vorbei an Bauernhöfen und Feldern von Westerwiede, kleinen Waldstücken und einem See für Hobbyfischer. Das Schloss hoch über dem Zentrum von Bad Iburg kommt schon bald in Sicht. Bei der Ampel an der T-Kreuzung in Glane halten Sie sich rechts, später links und gelangen auf dem gleichen, ruhigen Weg über den Hagenberg wieder zurück nach Bad Iburg.

INFO

HIGHLIGHT
Sehenswürdigkeit

TOURENCHARAKTER
Rundtour auf asphaltierten Nebenstraßen, Rad- und Wirtschaftswegen

AUSGANGS-/ENDPUNKT
Parkplatz beim Waldkurpark, Holperdorper Straße 2, Bad Iburg

GPS-DATEN
52.159222, 8.037528

ANFAHRT
Auto: Auf der A 30 bis Ausfahrt 18, Osnabrück-Nahe, oder der A 33 bis Ausfahrt 12, Hilter am Teutoburger Wald
Bahn: Bahnhof in Hilter oder in Bad Rothenfelde und die Tour dort beginnen

KOMBINIERBAR MIT
Touren 28 und 29 ab Hagen am Teutoburger Wald

E-BIKE-LADESTATION
Bad Iburg: Rathaus, Am Gografenhof 4; Hotel Zum Freden, Zum Freden 41
Bad Rohtenfelde: am Brunnenplatz

Mittel   35 km   353 Hm   3.00 Std.

RADVERLEIH
Bad Iburg: Touristeninformation, Am Gografenhof 3
Bad Rothenfelde: Touristeninformation, Am Kurpark 12

INFORMATION
www.badiburg.de;
www.bad-rothenfelde.de;
www.bad-laer.de

PS:

DANKE! Schon geradelt oder doch noch bei der Planung? Jedenfalls herzlichen Dank dafür, dass Sie sich für unseren Radführer entschieden haben.

LUST AUF EINE SPANNENDE REGION

Wir hoffen, dass Sie nach einer ausführlichen Lektüre oder einfach schon nach dem ersten Durchblättern Lust auf das Oldenburger Land und/oder das Osnabrücker Land bekommen haben, um die abwechslungsreichen, niedersächsischen Regionen vom Sattel aus zu erkunden. Und dass die von uns ausgewählten und sorgfältig zusammengestellten Touren ebenso viel Abwechslung und Spaß bringen werden bzw. teilweise schon gebracht haben, wie uns beim Radeln und bei der Recherche.

DANKE FÜR DIE UNTERSTÜTZUNG

An dieser Stelle möchten wir uns auch bei allen Touristeninformationen, Museen, privaten Unternehmen und Einrichtungen recht herzlich für die Unterstützung bedanken. Denn ohne deren Hilfe, Tipps und Genehmigungen zum Fotografieren wäre das Buch in dieser Form nicht zustande gekommen.

Auch möchten wir uns schon vorab bei allen Radlerinnen und Radlern recht herzlich bedanken, die uns in Zukunft aktuelle Informationen und Tipps zu den einzelnen Radrouten zukommen lassen werden, damit das Buch stets auf dem neuesten Stand bleibt.

Viel Spaß im Westen von Niedersachsen!

Linda O'Bryan
Hans Zaglitsch

Am Kirschblütenweg in Hagen

Blickfang Schloss Osnabrück

REGISTER

Ebenfalls erhältlich ...

ISBN 978-3-7343-0286-2

100 Radtouren in Niedersachsen.
Vom Wattenmeer bis zu den
Harzgipfeln, sportlich oder gemütlich, mit der ganzen Familie
oder Freunden.

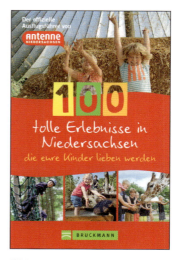

ISBN 978-3-7343-1371-4

Ab sofort wird es nie wieder lang-
weilig für Kinder in Niedersachsen. Unzählige Aktiväten und
Tipps in ganz Niedersachsen
freuen sich auf Entdecker.

BRUCKMANN

www.bruckmann.de

IMPRESSUM

Verantwortlich: Tabea Rheinert
Redaktion und Lektorat: Susanne Maute, mcp concept GmbH
Layout- und Reihengestaltung: Mathias Frisch
Satz: mcp concept GmbH
Repro: LUDWIG:media
Kartografie: Bruckmann Verlag GmbH, Heidi Schmalfuß
Herstellung: Alexander Knoll
Printed in Poland by CGS Printing

Exklusiv für Sie als Leser:

unter: gps.bruckmann.de

★ ★ ★ ★ ★

Sind Sie mit diesem Titel zufrieden? Dann würden wir uns über Ihre Weiterempfehlung freuen.
Erzählen Sie es im Freundeskreis, berichten Sie Ihrem Buchhändler, oder bewerten Sie bei Onlinekauf. Und wenn Sie Kritik, Korrekturen, Aktualisierungen haben, freuen wir uns über Ihre Nachricht an Bruckmann Verlag, Postfach 40 02 09, D-80702 München oder per E-Mail an lektorat@verlagshaus.de.

Unser komplettes Programm finden Sie unter  www.bruckmann.de

Bildnachweis: Alle Bilder im Innenteil und auf dem Umschlag stammen von
Hans Zaglitsch (www.hans-zaglitsch.com).
Umschlagvorderseite: Unterwegs im Nordloher Moor nahe Barßel
Umschlagrückseite: Idyllischer Badesee bei Harkebrügge

Die Deutsche Nationalbibliothek verzeichnet diese Publikation in der Deutschen Nationalbibliografie; detaillierte bibliografische Daten sind im Internet über http://dnb.d-nb.de abrufbar.

© 2024 Bruckmann Verlag GmbH
Infanteriestraße 11a
80797 München

ISBN: 978-3-7343-2489-5